企业社会责任制度化研究
——政企关系视角

陈 浩 著

中国财富出版社有限公司

图书在版编目（CIP）数据

企业社会责任制度化研究：政企关系视角 / 陈浩著. —北京：中国财富出版社有限公司，2024.7

ISBN 978-7-5047-8145-1

Ⅰ.①企…　Ⅱ.①陈…　Ⅲ.①企业责任—社会责任—研究—中国　Ⅳ.①F279.2

中国国家版本馆CIP数据核字（2024）第047803号

策划编辑	李　丽	责任编辑	刘　斐　钮宇涵	版权编辑	李　洋
责任印制	梁　凡	责任校对	卓闪闪	责任发行	杨　江

出版发行	中国财富出版社有限公司		
社　　址	北京市丰台区南四环西路188号5区20楼	邮政编码	100070
电　　话	010-52227588 转 2098（发行部）	010-52227588 转 321（总编室）	
	010-52227588（24小时读者服务）	010-52227588 转 305（质检部）	
网　　址	http://www.cfpress.com.cn	排　版	宝蕾元
经　　销	新华书店	印　刷	北京九州迅驰传媒文化有限公司
书　　号	ISBN 978-7-5047-8145-1 / F·3663		
开　　本	710mm×1000mm　1/16	版　次	2024年7月第1版
印　　张	9	印　次	2024年7月第1次印刷
字　　数	129千字	定　价	68.00元

版权所有·侵权必究·印装差错·负责调换

前 言

政治关联作为企业和政府之间的一种制度连接，会对企业的战略选择以及由此导致的组织结果产生重要影响。关于政治关联对企业承担社会责任的影响，已有文献进行了深入的探讨。然而，对于两者之间的关系，现有研究却给出了两种完全相反的结论。有研究认为，政治关联会阻碍企业承担社会责任，因为政治关联具有缓冲功能（Buffering Effect），即政治关联能够帮助企业获取政府所提供的信息、资源以及政治合法性，还能帮助企业规避行政干预，这些战略性资源的获得降低了企业承担战略性企业社会责任的必要性。但也有研究认为，政治关联能够促进企业承担社会责任，因为政治关联具有绑定功能（Binding Effect），即政治关联会将企业和政府"绑定"在一起，使企业更有可能从事政府期望的活动，以此来维护政企关系。

关于政治关联对企业承担社会责任产生的影响，"缓冲功能"与"绑定功能"分别给出了不同的观点。如何协调这两种相互冲突的观点？这就是本研究想要探讨的问题。本研究认为，之所以存在不同的观点，一个可能的原因是现有研究忽略了政府内部的企业社会责任（Corporate Social Responsibility，CSR）需求异质性，即不同层次政府（中央政府和地方政府）对 CSR 的内在需求存在差异，因而会采取迥异的态度对待 CSR，继而激活政治关联的不同功能，最终影响企业对于承担社会责任的决策。

基于此，本研究认为，不同层次政治关联会影响企业承担社会责任，但不同层次政治关联的影响存在差异。本研究参照现有的研究，将政治关联分成中央政治关联和地方政治关联，前者是指企业与政府的政治关联发生在中央层面，后者则是指企业与政府的政治关联发生在地方层面。如果不同层次政治关联对企业承担社会责任的影响作用相反，那么同时存在两层关联的企业如何应对？本研究基于制度理论，尝试探讨存在两层政治关联的企业是否会采取解耦策略来整合相互冲突的行为逻辑。本研究还基于资源依赖理论、权变理论等，考察了地区制度环境对不同层次政治关联和企业承担社会责任之间关系的调节作用，以及对存在两层政治关联的企业所采取的解耦策略的制约作用。

为了实证检验研究假设，本研究将沪深两市 2008—2016 年所有上市企业作为样本，深入分析不同层次政治关联和企业承担社会责任的关系，以及制度环境对不同层次政治关联和企业承担社会责任之间关系的调节作用。本研究的结论如下。

第一，中央政治关联和地方政治关联对企业承担社会责任的影响恰好相反。具体而言，中央政治关联能够促进企业承担社会责任。这表现为存在中央政治关联的企业不仅更有可能发布 CSR 报告，并且所发布的 CSR 报告比其他企业所发布的 CSR 报告质量也更高，即存在中央政治关联的企业为承担社会责任进行了实质性的资源投入。相反，地方政治关联会阻碍企业承担社会责任。这表现为存在地方政治关联的企业不仅发布 CSR 报告的可能性较小，其所发布的 CSR 报告质量也较低，即存在地方政治关联的企业不愿意为承担社会责任进行实质性的资源投入。

第二，同时存在两层政治关联的企业在承担社会责任时会采取解耦策略。具体来说，存在两层政治关联的企业一方面会积极地发布 CSR 报告，以满足中央政府的规范性预期，另一方面会充分利用政治关联的缓冲功能，尽可能减少为承担社会责任而进行的资源投入，进而导致CSR报告质量较低。

第三，制度环境能够弱化不同层次政治关联对企业承担社会责任的影响。落后的制度环境提高了企业的资源约束程度，进而强化了不同层次政治关联的功能。具体来说，制度环境越落后，存在中央政治关联的企业越有可能发布CSR报告，且CSR报告质量也越高；制度环境越落后，存在地方政治关联的企业发布CSR报告的可能性越小，且CSR报告质量也越低。

第四，制度环境能够有效缓解存在两层政治关联的企业采取解耦策略的行为。存在两层政治关联的企业在承担社会责任时会采取解耦策略，即发布CSR报告的积极性很高，但不会进行实质性的资源投入。在落后的制度环境下，此类企业的解耦策略会被进一步强化，即发布CSR报告的可能性更大，但CSR报告质量更低。

基于以上研究发现，本研究的理论贡献主要体现在以下几个方面。

第一，本研究协调了政治关联与企业承担社会责任的研究冲突。现有研究中关于政治关联对企业承担社会责任的影响存在两种完全相反的观点。本研究从政府内部的CSR需求异质性的角度出发，将不同层次政府对企业社会责任的态度纳入两者关系的研究，探讨了不同层次政治关联对企业承担社会责任的差异化影响，进而协调了政治关联和企业承担社会责任的研究冲突。

第二，本研究对政治关联不同功能发挥的情境因素做了进一步探讨。关于政治关联如何影响企业的行为以及组织结果，现有研究存在两种截然相反的观点。但是，只有少部分文献对政治关联不同功能发挥的情境因素进行了探讨。本研究基于层级属性将政治关联划分为中央政治关联和地方政治关联，发现中央政治关联发挥绑定功能，地方政治关联发挥缓冲功能。本研究对政治关联不同功能发挥的情境因素做了进一步探讨，有助于深入理解政治关联何时发挥绑定功能、何时发挥缓冲功能。

第三，本研究丰富了企业解耦策略的前因研究。制度学者认为企业采取解耦策略的动因大致有两种：为了处理外部合法性和内部效率的矛盾，为了处理制度多元性引发的制度复杂性问题。本研究通过考察政治关联内在的异质性，发现复杂的政治嵌入使企业遭遇制度复杂性，进而触发解耦策略。因此，本研究的发现能够进一步丰富制度多元性视角的企业解耦研究。

第四，本研究丰富了不同类型的非市场战略之间的关系研究。企业通常会借助开展企业政治活动（Corporate Political Activity，CPA）、承担企业社会责任等典型的非市场战略来应对落后的制度环境。然而，对于开展企业政治活动和承担企业社会责任之间的关系，现有研究存在不同的看法，有学者认为两者是替代的关系，也有学者认为两者是互补的关系。本研究将政治关联按照层级属性划分后，发现开展企业政治活动和承担企业社会责任之间既有可能是互补的关系，也有可能是替代的关系，关键取决于政治关联的层次。因此，本研究的发现还能丰富不同类型非市场战略之间的关系研究。

本研究的创新可以总结为以下几个方面。

第一，不同于现有研究对政府主体的同质性假设，本研究基于政府内部的异质性视角，考虑不同层级政府的约束条件以及行为偏好，探讨不同层次政治关联对企业社会责任的差异化影响，为政府内部如何开展社会责任制度监督提供了思路。

第二，本研究突破了现有研究中有关非市场战略相互独立的假设。在制度不规范的商业环境下，企业通过构建政企关系、承担社会责任等方式获取资源、提高竞争优势，但通常假设不同类型的非市场战略相互独立，而本研究表明，它们之间可能相互排斥，也可能相互强化。

第三，本研究丰富了企业解耦行为的动因。关于制度理论的研究通常认为，外部合法性和内部效率的矛盾是采取解耦策略的主要原因，但事实上，企业生存的环境通常是多种因素混合的复杂场域，因此，制度多元性成为企业解耦行为的重要动因，本研究为此类观点提供了实证支持。

陈　浩

目　录

第一章　绪论 ·· 1
　第一节　研究背景 ·· 1
　第二节　研究内容 ·· 5
　第三节　研究意义 ·· 7
　第四节　研究安排 ·· 10

第二章　文献综述 ·· 13
　第一节　企业政治战略研究综述 ··· 13
　第二节　企业社会责任研究综述 ··· 19
　第三节　本研究相关的理论基础 ··· 25
　第四节　本章小结 ·· 35

第三章　理论模型与研究假设 ··· 37
　第一节　核心概念界定与测量 ·· 37
　第二节　模型构建 ·· 40
　第三节　主效应研究假设 ··· 42
　第四节　调节效应研究假设 ··· 49
　第五节　本章小结 ·· 52

第四章 研究设计 ································· 54
第一节 样本来源 ································· 54
第二节 变量测量 ································· 55
第三节 模型设定 ································· 62
第四节 本章小结 ································· 63

第五章 实证分析及结果 ··························· 64
第一节 描述统计 ································· 64
第二节 实证分析 ································· 70
第三节 稳健性测试 ······························· 83
第四节 内生性检验 ······························· 91
第五节 本章小结 ································· 96

第六章 研究结论与研究展望 ······················· 98
第一节 研究结论 ································· 98
第二节 研究贡献 ································· 101
第三节 研究展望 ································· 104
第四节 本章小结 ································· 106

参考文献 ··· 107

致谢 ··· 131

第一章　绪论

第一节　研究背景

关于政治关联与企业承担社会责任之间的关系，存在两种不同的观点。

一种观点认为，政治关联会阻碍企业承担社会责任（Maung 等，2016；郭岚和苏忠秦，2017）。原因在于，政治关联具有缓冲功能，即企业通过政治关联能够获取重要的信息、资源以及政治合法性，有效规避行政干预。这些战略性资源的获得降低了企业承担社会责任的必要性，因此政治关联可以作为社会责任战略的一种替代选择（Hillman，2005；Lester 等，2008；Correia，2014）。例如，Maung 等学者研究发现，相对而言，存在政治关联的企业会排放更多的环境污染物，在造成同等环境污染的情形下被处罚的力度更小（Maung 等，2016）。

另一种观点认为，政治关联能够促进企业承担社会责任。这一观点强调了政治关联的绑定功能（Guthrie 和 McQuarrie，2008；Marquis 和 Qian，2014），认为政治关联会导致企业依赖政府，从而将企业和政府"绑定"在一起。企业为了维护政企关系，会主动承担社会责任，以解决政府所关切的社会问题或者环境问题（贾明和张喆，2010）。例如，Marquis 和 Qian 研究发现，中国的民营企业会借助承担社会责任来获取政治合法性，并且这种倾向在存在政治关联的民营企业中更加明显（Marquis 和 Qian，2014）。

关于政治关联对企业承担社会责任产生的影响，"缓冲功能"与"绑定功能"分别给出了不同的观点，如何协调这两种观点成为学术界面临的一个挑战。本研究认为，之所以存在不同的结果，一个可能的原因是，相关研究忽略了不同层次政府（中央政府和地方政府）对企业社会责任的内在需求差异（Oates，1999；Luo 等，2017）。本研究推测，不同层次政府对企业承担社会责任的异质性需求使存在政治关联的企业采取迥异的方式承担社会责任，进而激活政治关联的不同功能。基于此，本研究提出第一个问题。

问题1：企业与不同层次政府（中央政府、地方政府）的政治关联对企业承担社会责任的影响是否存在差异？这种差异能否充分体现上述两种作用机制（缓冲功能和绑定功能）？

如果对"问题1"的回答是肯定的，那进一步的问题则是，同时存在两层政治关联的企业采取何种态度来应对企业承担社会责任的规范要求。在很多情况下，企业并不只是构建单一的政治关联，而是积极地与不同层次政府建立联系，如董事长和首席执行官可能分别担任全国人大代表和省级人大代表（封思贤等，2012）。如果不同层次政治关联对企业承担社会责任的影响恰好相反，那么存在两层政治关联的企业就会面临冲突的行为逻辑。此时，企业如何协调这一冲突？

根据制度多元性理论的解释，企业通常会采取解耦策略来应对相互矛盾的制度逻辑（Greenwood 等，2011；Bromley 和 Powell，2012）。作为应对此种情形的经典手段，解耦策略是指企业在服从外部期望过程中，将政策服从和政策实现分开的现象，即企业对制度受众的要求或者是公共政策的规定只是"形式上"遵守，但实际上不会为之投入资源或者在企业内部进行必要的变革、调整（Meyer 和 Rowan，1977；Oliver，1991；Aurini，

2006；Bromley 和 Powell，2012）。已有研究表明，在企业承担社会责任时，解耦策略被用来应对相互冲突的行为逻辑。例如，Marquis 和 Qian 认为中国的民营企业需要通过承担社会责任来获取政治合法性，但强烈的资源约束又会限制民营企业在承担社会责任时的资源投入。为了平衡获取政治合法性和资源约束之间的矛盾，民营企业在承担社会责任过程中通常会采取解耦策略，即一方面积极地发布 CSR 报告，另一方面又尽可能减少为承担社会责任进行的资源投入（用 CSR 报告质量来衡量）（Marquis 和 Qian，2014）。基于此，本研究提出第二个问题。

问题 2：如果不同层次政治关联对企业承担社会责任的影响存在冲突，那么同时存在两层政治关联的企业是否会采取解耦策略来应对这种冲突？

我们还进一步考察了可能影响不同层次政治关联与企业承担社会责任之间关系的情境因素。具体来说，本研究主要基于制度基础观的研究成果，考察地区制度环境对政治关联与企业承担社会责任之间关系的调节作用（Peng 等，2009；Lim 等，2010；Mair 等，2012；高山行等，2013；刘海建等，2017）。虽然中国的市场化改革进行了许多年，但因为资源禀赋、历史文化条件以及政策倾斜等诸多因素的影响，不同地区在制度环境方面存在明显差异（杨华军和胡奕明，2007；陈宗仕和郑路，2015）。制度环境的发达程度直接影响信息的流动、商业机会的多寡以及资源的获取，进而决定企业的资源约束程度（Khanna 和 Palepu，1997；Marano 等，2017）。例如，Luo 和 Tung 基于国际商务的情境研究发现，落后的制度环境会严重影响企业的发展机会以及影响企业获取开发这些机会的关键资源，导致制度发展滞后国家的跨国企业会进行激进的国际化扩张，以此来占领效率更高、资源更丰富的外国市场（Luo 和 Tung，2007）。

制度环境如何对企业资源约束程度产生影响，如何制约政治关联和企业承担社会责任之间的关系？如果制度环境较为落后，就意味着企业会更加依赖政治关联，因而更有可能承担社会责任，但强烈的资源约束又会制约企业采取承担社会责任这种资源消耗型的方式。同样，如果制度环境较为发达，资源约束对企业承担社会责任的阻碍作用就会下降，与此同时，发达的制度环境会弱化关联企业对政府的依赖程度，进而弱化企业承担社会责任的必要性。基于此，本研究提出第三个问题。

问题3：制度环境如何调节不同层次政治关联与企业承担社会责任之间的关系？制度环境对政治关联不同功能的发挥是强化还是弱化，抑或是两种作用兼而有之？

在中央政治关联和地方政治关联的功能作用恰好相反的背景下，两层政治关联对企业承担社会责任的影响，不再是线性的促进作用或者阻碍作用，而是更为复杂的解耦模式。如果制度环境能够显著调节不同层次政治关联和企业承担社会责任之间的关系，那么制度环境又如何制约两层政治关联和企业承担社会责任之间的关系？

学者们对于企业采取解耦策略的动因解释，主要从动机和资源两个维度展开（Oliver，1991；Bromley 和 Powell，2012）。动机维度的观点认为，企业采取某种外部期望的行为并非"心甘情愿"，所以在切实行动的时候不愿投入太多（Greve 等，2010；Lyon 和 Maxwell，2011）。资源维度的观点认为，企业认为制度受众的要求和期望"合情合理"，也愿意投入资源去开展相关活动，但面临的资源约束使企业"有心无力"，难以投入足够的资源去开展相关活动（McWilliams 和 Siegel，2001；Marquis 和 Qian，2014）。制度环境显著影响企业的资源约束，而资源约束又会进一步影响企业的解耦策略。基于此，本研究提出第四个问题。

问题4：如果存在两层政治关联的企业采取解耦策略来应对企业承担社会责任的情况，那么制度环境如何影响此类企业的解耦策略，是加剧还是缓解？

制度环境能影响存在两层政治关联的企业采取解耦策略的行为。

第二节 研究内容

本研究选择 2008—2016 年沪深两市的上市企业作为研究样本，基于国泰安企业提供的上市企业高管资料数据库，提取各个企业每年度的董事长和 CEO 的背景资料，通过分析董事长和 CEO 在给定的观察年份是否为现任或者曾任政府官员、人大代表和政协委员，来构建企业与政府之间的政治关联（蔡庆丰等，2017）。考虑到不同层次政府在企业承担社会责任方面的需求异质性，本研究根据董事长和 CEO 所关联的政府部门属于中央政府及其职能部门还是属于地方政府及其职能部门，将政治关联分成中央政治关联和地方政治关联（封思贤等，2012）。在划分政治关联层次的基础上，本研究综合制度理论和资源依赖理论，探讨不同层次政治关联对企业承担社会责任的差异化影响，进而协调现有研究中存在的截然相反的两种观点。

本研究认为，政治关联在企业承担社会责任时，会同时发挥两种功能：缓冲功能和绑定功能（Hillman，2005；Lester 等，2008；Guthrie 和 McQuarrie，2008；Marquis 和 Qian，2014）。缓冲功能关注政治关联的积极意义，认为政治关联能够给企业带来多种战略资源，帮助企业规避行政干预，从而降低企业承担社会责任的战略性依赖。绑定功能强调政治关联带来的关系成本，认为关联企业基于关系维护的目的，会积极响应政府的需求和期望，从而为承担社会责任投入大量资源。但本研究强调，企业承担社会责任是中央政府为了统筹全社会和谐发展的战略目标所倡导的可持续的社会发展理念（易开刚，2008；Zhang 等，2016）。然而，地方政府因为财政税收、就业以及主观认知等原因，并未充分理解并执行中央政府的执政理念，甚至有时还会以牺牲环境为代价来追求不合理的经济增长（纪志宏等，2014；贾俊雪和应世为，2016）。本研究认为，中央政府与地方政府在企业社会责任方面的需求差异，会使不同层次政治关联发挥不同的功能。具体而言，中央政治关联能够有效传递中央政府的执政意图，并将关联企业置于有效的监督之下，从而激发政治关联的绑定功能。相反，在地方政府轻视甚至忽视社会和环境问题的背景下，企业不愿意投入资源开展相关活动，地方政治关联更有可能被关联企业用来作为规避潜在惩罚风险的挡箭牌，从而激活政治关联的缓冲功能。另外，企业很多时候并不是只存在一层政治关联，还有可能同时存在两层政治关联，如董事长是人大代表，CEO 在地方政府部门任职。如果不同层次政治关联所激活的功能存在差异，那么同时存在两层政治关联的企业的行为逻辑就会存在冲突。本研究从制度理论的视角，解释了解耦策略如何被存在两层政治关联的企业用来应对此类情形，导致企业发布的 CSR 报告和企业为承担社会责任而进行的资源投入相分离的结果。

　　虽然不同层次政治关联激活了不同的功能，但是绑定功能或者是缓冲功能的发挥程度并不是绝对的，它们会受到各种情境因素的制约。本研究基于资源依赖理论和权变理论，引入了地区制度环境这一情境变量。具体而言，中国从计划经济向市场经济的转型虽然已有三十多年，但是因为资源禀赋、政策支持以及历史文化等诸多方面的原因，地区之间在制度层面存在明显的差距（杨华军和胡奕明，2007；陈宗仕和郑路，2015）。落后的制度环境会减少企业获取资源的机会、加大企业资源获取难度。较强的资源约束则会进一步强化不同层次政治关联的功能，即中央政治关联对企业承担社会责任的促进作用更明显，地方政治关联却会进一步阻碍企业承担社会责任，两层政治关联对解耦策略的触发也更为明显。基于以上分析，本研究的完整模型框架如图 1-1 所示。

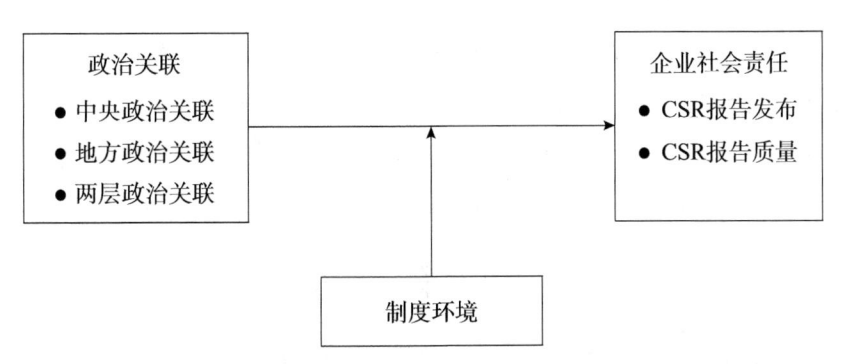

```
┌─────────────────┐                    ┌─────────────────┐
│   政治关联      │                    │  企业社会责任   │
│ ● 中央政治关联  │ ─────────────────► │ ● CSR报告发布   │
│ ● 地方政治关联  │          ▲         │ ● CSR报告质量   │
│ ● 两层政治关联  │          │         │                 │
└─────────────────┘          │         └─────────────────┘
                             │
                      ┌──────┴──────┐
                      │  制度环境   │
                      └─────────────┘
```

注：在本研究的完整模型中，控制变量包括企业规模、企业绩效、组织冗余、企业年龄、产权性质、强制发布、境外股东持股、境外上市、上市地点、广告强度、环境动态性、环境包容性、环境复杂性、行业合法性压力、地区合法性压力等。

图 1-1　本研究的完整模型框架

第三节　研究意义

本研究基于 2008—2016 年沪深两市上市企业的高管背景特征，构建了企业与政府之间的政治关联，并将政治关联分成中央政治关联和地方政治关联，探究了不同层次政治关联对企业承担社会责任的影响。研究发现，中央政治关联激活的是绑定功能，存在中央政治关联的企业更倾向于采取积极的态度对待社会责任，表现为企业不仅会积极地发布高质量的 CSR 报告，还会为承担社会责任投入实质性资源。地方政治关联激活的是缓冲功能，存在地方政治关联的企业更倾向于采取消极的态度应对企业社会责任，发布 CSR 报告的意愿较低，也不会进行实质性的资源投入。在此基础上，本研究考察了存在两层政治关联的企业如何应对相互冲突的行为逻辑。研究表明，存在两层政治关联的企业会采取解耦策略来协调两种不同的政治关联功能，表现为一方面积极地发布 CSR 报告，另一方面不进行实质性的资源投入，即通过发布低质量的 CSR 报告来实现解耦的目标。除此之外，本研究还关注地区制度环境对不同层次政治关联与企业社会责任关系的调节作用。落后的制度环境会强化企业的资源约束，从而进一步强化中央政治关联和地方政治关联所发挥的功能。具体而言，制度环境越落后，中央政治关联与企业社会责任的正向关系越强；同样，制度环境越落后，地方政治关联与企业社会责任的负向关系越强；最后，制度环境越落后，存在两层政治关联的企业的解耦策略越明显。

本研究的意义主要体现在理论方面和实践方面，具体如下。

第一，本研究协调了政治关联与企业社会责任关系研究的冲突。关于政治关联对企业承担社会责任的影响，现有研究结论相互矛盾（Correia，2014；Marquis 和 Qian，2014；郭岚和苏忠秦，2017）。本研究认为，现有研究结论相互矛盾的一个重要原因，可能是现有研究忽略了不同层次政府对企业社会责任的需求异质性。本研究基于上市企业高管背景的特征数据，构建了企业的政治关联，还根据政治关联的层次将之分为中央政治关联和地方政治关联，并基于此探讨了不同层次政治关联对企业承担社会责任的差异化影响。本研究从政府内部企业社会责任需求异质性的视角，分析了政治关联内在的异质性，进而协调了政治关联和企业承担社会责任的研究冲突。

第二，本研究丰富了政治关联两种功能发挥的情境研究。在制度发展不完善的背景下，很多企业通过积极构建与政府之间的连接来克服普遍存在的制度空白。然而，关于政治关联对企业承担社会责任的影响，现有研究存在两种截然相反的观点，即中央政治关联发挥绑定功能，而地方政治关联发挥缓冲功能。因此，本研究丰富了政治关联不同功能发挥的情境研究，有助于进一步理解政治关联何时发挥绑定功能、何时发挥缓冲功能。

第三，本研究丰富了企业采取解耦策略的前因研究。学者认为企业采取解耦策略的前因大致分为两大类（Bromley 和 Powell，2012）。第一类观点认为外部合法性和内部效率的矛盾是触发解耦的原因（McWilliams 和 Siegel，2001；Dowell 和 Muthulingam，2017），第二类观点认为制度多元性会触发企业的解耦策略（Thornton 和 Ocasio，1999；Quirke，2013）。本研究通过考察政治关联内在的异质性，发现复杂的政治嵌入使企业制度具有复杂性，进而企业采取解耦策略。因此，本研究的发现能够进一步丰富制度多元性视角下企业采取解耦策略的前因研究。

第四，本研究深化了不同类型的非市场战略之间的关系讨论。对于管理者如何运用企业政治活动（Corporate Political Activity）、企业社会责任等非市场战略如何应对复杂的制度环境（Peng 等，2009；Mellahi 等，2016），学术界进行了大量的讨论。然而，对企业政治活动与企业承担社会责任这两种最典型的非市场战略的关系，现有研究存在不同的看法，有学者认为两者是相互替代的关系，也有学者认为两者之间是互补的关系（Jamali 和 Mirshak，2010；Den Hond 等，2014）。本研究发现，企业政治活动和企业承担社会责任之间既可能是互补的关系，也可能是替代的关系，关键取决于政治关联的层次。因此，本研究能够进一步丰富不同类型的非市场战略之间的关系讨论。

第五，本研究还能为政策制定和管理实践提供指导。本研究表明，地方政府对企业承担社会责任的需求与中央政府对企业承担社会责任的需求并不完全一致。因此，政策制定者需要对政府内部的这种需求差异加以考虑，通过制定针对性的监督措施改善地方政府对待企业承担社会责任的态度，强化企业对社会责任的认识。在管理实践方面，考虑到不同层次政治关联所发挥的功能受具体的情境影响，管理者需要留意政治关联的层级属性，在确定政治关联所发挥的功能的前提下，选择性地构建企业的社会资本。

第四节　研究安排

一、研究路线

本研究构建了不同层次政治关联对企业承担社会责任影响的理论框架，并在后续讨论中进一步阐述了本研究的理论意义和现实意义。为了更深入地考察本研究涉及的问题，我们系统整理了本研究的研究思路，具体的研究路线如图 1-2 所示。

二、结构安排

本研究综合制度理论、资源依赖理论以及权变理论等，基于政治关联的层级属性，将政治关联划分成中央政治关联和地方政治关联，并在此基础上分析了不同层次政治关联对企业承担社会责任的差异化影响，以及存在两层政治关联的企业对行为逻辑冲突的应对，本研究还探究了地区制度环境对政治关联与企业承担社会责任关系的调节作用，还探究了制度环境对存在两层政治关联企业所采取的解耦策略产生的影响。基于对以上四个方面的讨论，本研究的具体安排如下。

第一章，绪论。本章主要介绍了本研究的研究背景、研究内容、研究意义和研究安排，给出了本研究的完整模型框架及研究路线。

第二章，文献综述。本章主要对相关的研究文献进行综述，具体包括对企业政治战略相关文献和企业社会责任相关文献的综述。同时，本章还系统回顾了制度理论、资源依赖理论和权变理论。对相关研究文献以及理论的系统梳理，有助于在前人研究的基础上，发现新问题，提出新方法，推动相关领域的发展。

第三章，理论模型与研究假设。本章在核心概念界定与测量的基础

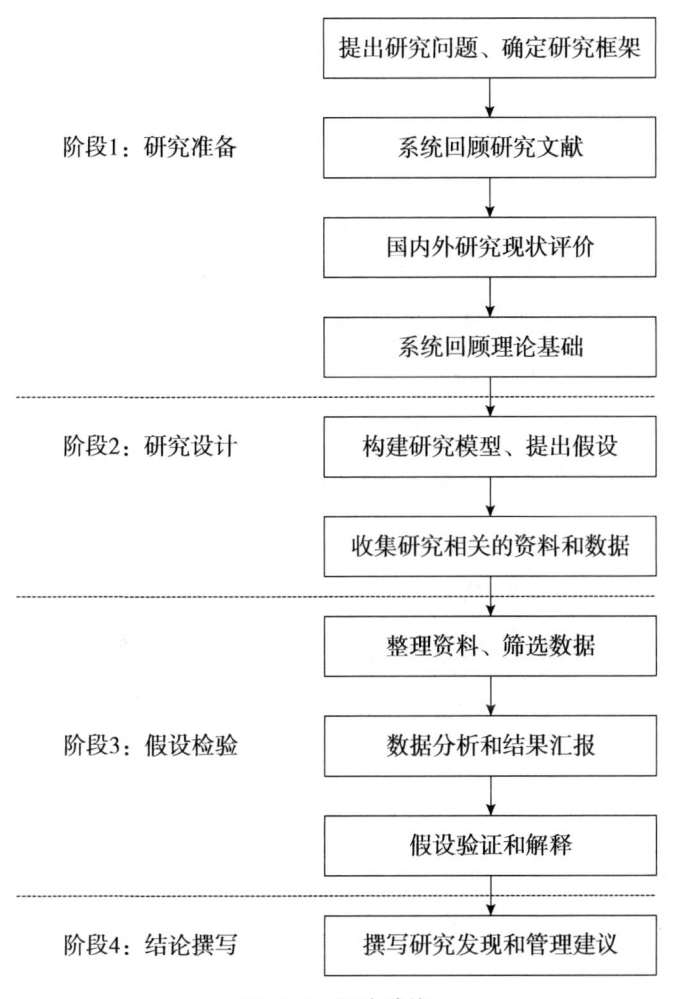

```
阶段1：研究准备     提出研究问题、确定研究框架
                            ↓
                     系统回顾研究文献
                            ↓
                     国内外研究现状评价
                            ↓
                     系统回顾理论基础
                            ↓
阶段2：研究设计     构建研究模型、提出假设
                            ↓
                  收集研究相关的资料和数据
                            ↓
                     整理资料、筛选数据
                            ↓
阶段3：假设检验     数据分析和结果汇报
                            ↓
                     假设验证和解释
                            ↓
阶段4：结论撰写    撰写研究发现和管理建议
```

图 1-2　研究路线

上，建构了主效应模型和调节效应模型，提出了主效应和调节效应两大类，主效应主要用于探讨不同层次政治关联对企业承担社会责任的影响，关注的焦点在于不同层次政治关联所导致的异质性如何制约政治关联与企业承担社会责任的关系，以及存在两层政治关联的企业如何应对相互矛盾的行为逻辑。调节效应主要关注地区制度环境对政治关联与企业承担社会责任关系的制约作用，即制度环境如何通过影响企业的资源约束程度来影响政治关联的具体功能，进而强化或者弱化政治关联对企业承担社会责任

的影响。

第四章，研究设计。本章详细介绍了样本来源、变量测量以及模型设定。本研究的样本为2008—2016年沪深两市的全部上市企业，并且对所有连续型变量进行Winsorize处理。本研究的财务数据来自Wind数据库，政治关联相关信息取自国泰安数据库的高管个人资料数据库，企业社会责任的资料来自润灵环球关于上市企业的企业社会责任评级报告。本章还对设计的因变量、自变量、调节变量和控制变量的含义和测量方法进行了详细的说明。

第五章，实证分析及结果。本章先介绍了主要变量的描述统计和相关系数等内容，然后介绍了具体的检测方法，最后介绍了回归分析以及稳健性测试、内生性检验的结果。

第六章，研究结论与研究展望。本章主要对全书的研究结论进行总结，同时指出了本研究的一些不足之处，以及后续值得探索的研究方向。

第二章 文献综述

第一节 企业政治战略研究综述

企业政治战略（Corporate Political Activity，CPA）是指企业试图通过影响政策来获得或者保持自身竞争优势的各种努力，主流的方式包括直接游说、奉献政治献金以及建立政治关联等（Hillman 等，2004；封思贤等，2012；Mellahi 等，2016）。学术界在解释企业为什么开展政治活动时，主要集中在资源能力和制度环境两个方面。

资源能力视角的企业政治战略研究主要基于资源基础观（Resource-Based View，RBV），强调企业如何将财务、信息等资源用于非市场环境，如建立和维护与政府或者政府官员之间的关系，以此来获取税收优惠、财政补贴以及有利监管等战略性资源（Wernerfelt，1984；McWilliams 等，2002）。

制度环境视角的企业政治战略研究则主要关注企业所嵌入的文化、法律以及历史环境如何影响企业的政治活动，即阐述不同的社会、政治和经济制度如何影响企业与政府或政府官员之间的关系，进而决定企业是否通过开展政治活动来适应外部的非市场环境（Peng 等，2009）。

本研究主要关注政治关联对企业承担社会责任的影响，因此本节的文献回顾主要围绕政治关联展开，重点介绍政治关联的概念和测量，以及政治关联如何影响企业承担社会责任的两种理论观点。

一、政治关联的内涵

政治关联刻画的是企业和政府之间的关联状态，如果企业和政府之间保持着稳定的社会关系，它们之间就政治关联。从概念上看，政治关联作为企业的一种社会关系，属于社会资本的范畴（蔡庆丰等，2017）。社会资本是相对于传统意义上的物质资本（设备、土地）、人力资本（知识、能力）而言的，指企业所拥有的社会关系以及这些关系中蕴藏的潜在资源（Xiao 和 Tsui，2007；赵晶和郭海，2014）。在学术研究中，经济学、政治学以及社会学等领域的学者，通常借用社会网络将社会资本的概念进行操作化，进而对社会资本如何影响企业的行为和结果进行实证考察（张文宏，2011）。实证结果表明，政治关联作为企业和政府之间的关系渠道，不仅能够帮助企业获取政府所控制的各项重要资源，还能够传递政府对企业的期望和要求，进而对企业的行为和绩效带来重要影响（Johnson 和 Mitton，2003；Claessens 等，2008；雷光勇等，2009；李维安等，2015）。然而，在不同学者的研究中，对于界定和测量企业的政治关联的方法并不完全相同，大多数学者基于具体的研究情境来界定和测量企业的政治关联。换言之，虽然关于政治关联对企业影响的研究已经非常丰富，但是对于具有共识性的政治关联的概念界定和测量，学术界尚未形成一致的看法。

（一）国外研究

在国外研究方面，表征企业与政府之间的政治关联的方法主要包括股权关系、高管的私人关系或者政府背景、政治捐赠行为等。

Fan 等通过研究政治关联与首次公开募股（Initial Public Offering，IPO）绩效的关系发现，相比不存在政治关联的企业，在 IPO 后的三年内，存在政治关联的企业的收入和净利润增长以及净资产收益率会明显下滑。其中，政治关联的判断标准是企业的 CEO 是否为前任或者现任的政府官员（Fan 等，2007）。

Faccio 基于 47 个国家的经验数据，试图解释政治关联能否创造价值，研究发现，政治关联虽然能给企业带来各种益处，但也可能导致政府或者政治家的寻租行为，进而导致政治关联对企业价值的积极影响在均衡意义上并不成立。Faccio 这项研究中，将政治关联定义为企业的大股东（持股比例超过 10% 的股东）是否为国会议员或者部长级别的官员，或者是否和这些官员存在紧密的社会关系（Faccio，2006）。

Johnson 和 Mitton 以亚洲金融危机为背景考察政治关联与市场价值的关系，发现在资本自由流动的情况下，存在政治关联的企业的价值下跌更为显著；相反，在进行资本管制时，存在政治关联的企业的市场价值提升得也更为明显。在此项研究中，Johnson 和 Mitton 将企业是否与马来西亚前总理马哈蒂尔（Mahathir）存在私人关系作为政治关联的判断标准（Johnson 和 Mitton，2003）。

Claessens 等学者基于巴西在 1998 年和 2002 年的换届选举事件，考察了政治关联和企业融资的关系。他们通过企业对当选领导人所在政党的政治献金来衡量政治关联的关系强度，研究发现，企业的政治献金越多，在接下来的 4 年内企业所获得的银行贷款越多。通过政治献金来刻画企业的政治关联存在另外一个明显的优势，就是这种方法能有效地表征政治关联的关系强度（Claessens 等，2008）。

（二）国内研究

在国内，学者对政治关联与企业行为和绩效的研究也相当丰富。国内关于政治关联的界定和测量虽然也有多种不同的观点和解释，但整体上呈现出一定的"主流范式"，具体说来有两点。

其一，在概念界定上，虽然有部分研究通过股权关系来刻画企业的政治关联，但高管是否曾经或者正在担任政府职务、政协委员和人大代表通常是判断企业是否存在政治关联的主流标准（卫武等，2004；雷光勇等，2009；李维安等，2015）。相关研究的主要区别体现在高管的选择上，有的研究只关注董事长或者CEO是否具备政府背景（李健等，2012），有的研究同时考虑董事长和CEO的政府背景（杨京京等，2012），还有少部分研究关注全体董事成员是否具有政府背景（吴超鹏等，2012）。

其二，在测量方法上，通行的做法是设置虚拟变量，通过赋值的方式来表示企业是否存在政治关联。具体来说，如果企业的高管具有政府背景，则将政治关联变量赋值为1，否则赋值为0（蔡庆丰等，2017；邓新明等，2016）。相比这种主流的测量方法，有少部分研究通过具备政府背景的高管的数量或者比例来衡量企业政治关联的强度，也有部分研究将高管确定为特定的个体，如董事长或者CEO，然后对高管的关系数量进行计数（邓建平等，2012；李健等，2012）。如董事长曾经为政府官员，创立企业后又被授予政协委员的资格，则此时的政治关联赋值为2，以此来衡量企业政治关联的强度（李健等，2012；朱益宏等，2016）。

国内外学者对政治关联的研究成果可以归纳为两点。其一，如何界定和测量政治关联并不存在绝对的标准。学者应当根据研究的具体情境，以及数据资料的可获得性，来准确界定政治关联的内涵以及测量方法。其二，在政治关联的测量方式中，通过虚拟变量进行操作化是主要的手段。虽然政治关联的测量手段和其内涵的界定类似，呈现出"百家争鸣"的局面，但通过虚拟变量进行赋值，定性判断企业的政治关联强度在学术研究中相对占主流。

二、政治关联的两种功能

作为企业和政府之间的一种制度连接，不论是在发达国家的制度环境下，还是在新兴市场的制度环境下，构建政治关联都是企业政治战略的重要内容。但是，对于政治关联对企业承担社会责任的影响及其结果，现有研究存在两种截然相反的观点（Sun等，2012）。正面的观点强调政治关联的缓冲功能，认为政治关联能够给企业带来信息、资源以及政治合法性，帮助企业缓冲来自市场和政府的负面冲击（Hillman，2005；Lester等，2008）。负面的观点关注政治关联的绑定功能，认为政治关联导致的资源依赖关系会迫使企业追求政府的社会目标，以及容易招致政府的寻租行为（Dieleman和Boddewyn，2012；Marquis和Qian，2014）。

（一）缓冲功能

缓冲功能是指企业通过政治关联能够获取重要的信息、资源以及政治合法性，这些战略性资源能够帮助企业有效应对市场竞争和行政干预，此时政治关联实质上是在发挥"缓冲垫"的作用（Hillman，2005；Lester等，2008）。Yu等学者研究了企业游说活动与财务欺诈检查风险的关系。他们发现，企业开展的针对监管人员和监管机构的游说活动，不仅能通过有利的竞争环境和监管政策降低企业因为业绩压力而进行财务造假的可能性，而且能降低财务造假后被发现的风险；在某种意义上，开展游说活动的企业比那些没有开展游说活动的企业，财务造假被发现的可能性要小很多，而且即使财务造假最后被发现，检测周期往往也比未进行游说活动的企业长117天（Yu和Yu，2011）。同样基于美国上市企业的情境，Correia发现管理者通过政治献金形成的政治关联，不仅能够显著降低企业遭受证监会行政处罚的风险，即使最终企业受到证监会的行政处罚，其处罚程度也明显低于那些不存在政治关联的企业（Correia，2014）。

在新兴市场的制度环境下，政治关联的缓冲功能作为一种保护企业规避政府寻租行为的有效机制，同样得到了学者的关注（Chen等，2011；

Dieleman 和 Boddewyn，2012）。Chen 等学者基于中国民营企业的研究情境，发现制度环境落后的地区由于法律制度以及产权保护的不充分或者低效率，更容易发生政府寻租行为，因此民营企业积极地构建政治关联来规避政府的寻租行为并获得更多的财政补贴（Chen 等，2011）。除此之外，政治关联的缓冲功能对企业的积极影响还体现在信贷融资、资本结构、企业并购以及创新绩效等方面（黄珺和魏莎，2016；况学文等，2017；蔡庆丰等，2017；简兆权等，2014）。

（二）绑定功能

绑定功能和缓冲功能关注的视角不同，关于绑定功能的研究主要从政府的角度出发，关注政治关联给企业带来的各种关系成本（Marquis 和 Qian，2014；Zhang 等，2016）。关于绑定功能的研究认为，政治关联能够将企业和政府绑定在一起，进而使企业更有可能满足政府的期望（Boubakri 等，2008；Caprio 和 Croci，2008）。Marquis 和 Qian 研究发现，中国的民营企业为获取政治合法性，会积极承担社会责任，并且这种倾向在存在政治关联的民营企业中更加明显（Marquis 和 Qian，2014）。张祥建等学者从投资效率的角度研究发现，政府为了确保经济增长、稳定地区就业以及维护社会稳定等目标，会对企业的投资活动进行干预，这种干预会降低企业的投资效率，影响企业的财务绩效（张祥建等，2015）。Zhang 等学者的研究表明，管理者通过人大代表或者政协委员等方式形成的政治关联，实质性上是企业与政府之间的资源交换，政府帮助企业获取诸如信贷、土地等重要资源，企业也需要帮助政府处理其所关注的社会问题，如企业需要在发生灾难事件时进行更多的慈善捐赠（Zhang 等，2016）。

政治关联的缓冲功能和绑定功能，不论在理论视角上，还是在实证方面，都能得到很好支持和解释。缓冲功能强调政治关联的收益，即政治关联带来的信息、资源以及政治合法性；而绑定功能则更多强调政企关系的成本，如基于关系维护而进行的慈善捐赠等（Correia，2014；Marquis 和 Qian，2014）。事实上，从管理资源依赖关系的角度看，上述两种观点并非必然相互冲突，而是可能同时存在（Zhang 等，2016）。情境因素的变化不但会激活政治关联的不同功能，而且特定功能的激活程度存在差异，最终导致政治关联对企业结果的影响具有明显的情境依赖特征。

第二节　企业社会责任研究综述

一、企业社会责任的内涵

关于企业社会责任概念的内涵，学术界目前尚未达成共识。一般来说，企业在法律规定的要求之外，开展任何助推社会公共福利的实践，都可以看作承担社会责任（McWilliams 等，2006）。企业社会责任与其说是一个准确的概念，不如将其看作一个概念框架或者是企业的行为框架（Chin 等，2013）。

Carroll 在 1979 年提出了四分类模型，将企业社会责任分成四大类，分别是经济责任（Economic Responsibilities）、法律责任（Legal Responsibilities）、道德责任（Ethical Responsibilities）和自愿责任（Discretionary Responsibilities）。其中，经济责任是指企业应该遵循价值最大化的行为准则，最大程度上为管理者创造价值。但经济价值的创造有个前提，那就是企业的经营活动必须在法律法规允许的框架下进行，进而引出企业的第二类社会责任——法律责任。道德责任则是社会成员对企业所期望的行为要求，但是这些要求既不能归为经济责任的范围，也不属于法律责任的范围。自愿责任相对前三种责任更加难以定义，很大程度上取决于管理者个人的判断和选择，是管理者个人决定的企业应该做或者不应该做的事情。

在 20 世纪 80 年代，学术界对于企业应该纯粹地追求利润最大化，还是在广泛意义上满足社会预期有过非常激烈的争论（Andrews，1973；Epstein，1987），Carroll正是出于整合的目的提出了四分类模型。后来，Carroll进一步提炼了四分类模型，形成了企业社会责任的金字塔模型（Carroll，1991）。

在金字塔模型中，企业社会责任从底层到顶层依次是经济责任、法律责任、道德责任和自愿责任。在此模型中，Carroll对自愿责任和道德责任做了明确的说明，他认为两者最大的区别在于，社会公众对企业的道德行为是有所期待的，而对企业的慈善行为则不存在明确的期待（Carroll，1991）。另外，金字塔模型比四分类模型更强调企业社会责任的层次性。

四分类模型和金字塔模型有利于整合当时学术界的争论，并进一步推动关于企业社会责任的研究（Pinkston和Carroll，1996；Smith等，2001）。然而，由四分类模型衍生而来的金字塔模型存在一些明显的局限（Schwartz和Carroll，2003）。例如，金字塔模型的层次性容易让人误解，认为位于金字塔顶端的自愿责任最为重要，而位于金字塔底端的经济责任最不重要。再例如，不同类型的企业社会责任往往存在重叠和交叉，但金字塔模型似乎强调不同层次企业社会责任彼此独立。另外，自愿责任和道德责任在商业实践中通常难以明确区分，并且"自愿"本身并不存在作为"责任"的说法（L'etang，1994）。为此，Schwartz和Carroll在系统总结四分类模型和金字塔模型的基础上，提出了企业社会责任的三角模型（Schwartz和Carroll，2003）。相比之前的金字塔模型和四分类模型，三角模型的主要变化有两点：一个是将自愿责任合并到道德责任里面，另一个是明确指出不同类型的社会责任之间存在交集。

根据定义，ESG框架下的E代表环境、S代表社会、G代表治理，即ESG框架下的企业社会责任衡量的是企业在环境、社会以及治理等领域对利益相关者的预期和要求的满足程度（Clarkson，1995；Chen和Delmas，

2011；Orlitzky 等，2017）。

环境方面的企业社会责任强调企业在经营过程中应该保护环境，如减少空气污染物的排放，广泛采用降低能耗的新技术标准等；社会方面的企业社会责任包括积极参与社会发展、推动教育公平、提高劳工标准、应对突发灾难等；治理方面的企业社会责任强调企业应该尽可能提高企业的治理效率，使管理者财富最大化（Doh 和 Guay，2006；Patten，2008；La Porta 等，2008；De Roeck 和 Delobbe，2012；Allen 等，2015；Marquis 等，2016；Wei 等，2017）。

学术界对企业在环境方面和社会方面的责任共识度较高，但对于企业在治理方面的责任尚有争议，部分学者认为企业治理的直接受益者是管理者，而企业社会责任强调的重点是管理者之外的利益相关者，因此企业社会责任更应该强调企业在环境和社会这两个方面的活动（Liang 和 Renneboog，2017）。

二、企业社会责任的动机研究

现有研究在解释企业为什么承担社会责任时，将动机分成三大类，也称之为企业社会责任前因研究的三大视角，即制度视角、经济视角以及道德视角（Wickert 等，2016）。制度视角和经济视角的动机实质上是工具性的，即企业承担社会责任是有所求的。相反，道德视角的驱动因素则没有工具性的色彩，企业之所以承担社会责任，不是有所求，而是企业及其管理者认为这样做事是应该的。虽然企业可以基于不同动机承担社会责任，但是这些不同的动机之间并不互斥。在商业实践中，企业是否承担社会责任往往是多种驱动因素综合作用的结果（Campbell，2007；Wickert 等，2016）。

（一）制度视角的企业社会责任研究

制度视角的核心假设认为，外部压力是企业承担社会责任的主要驱动因素。企业通过参与那些被社会认可和接受的活动来满足利益相关者的预期，进而维护和提高企业的政治合法性。政治合法性实质上体现的是特定主体对企业行为的主观评价，这种评价的结果越积极，企业获得的政治合法性就越高，较高的政治合法性能够确保企业获取关键资源、赢得利益相关者的认可和支持（Suchman，1995）。

Haack等学者基于金融机构采用赤道原则（The Equator Principles）风险管理框架的演变历程，探讨了社会责任的制度化过程。他们发现，随着采取赤道原则风险管理框架的机构越来越多，场域内的剩余机构采纳赤道原则风险管理框架的可能性也越大（Haack等，2012）。Haack等学者还发现，那些基于政治合法性压力才去采用赤道原则风险管理框架的机构，在初期更多只是象征性而非实质性地采用，即实际上并未在机构内部真正使用赤道原则风险管理框架，但是"后来者"的解耦策略会随着场域规范的增强而不断降低，直到赤道原则风险管理框架演变成为公认的行为规范（Haack等，2012）。

基于类似的研究思路，学者探讨了社会层面和经济层面的多种制度因素对企业社会责任的影响。Campbell研究发现，如果存在与社会责任相关的监管规定、自我约束的行业规范组织，或者环境保护公益组织等独立第三方组织时，企业承担社会责任的可能性更大（Campbell，2007）。Marano和Kostova基于跨国企业的情境研究表明，来自多国组织场域的社会责任规范的整体强度，会明显影响跨国企业承担社会责任的可能性以及程度（Marano和Kostova，2016）。

虽然许多研究探讨了制度压力如何影响企业承担社会责任，但不同行业的企业以及行业内部的不同企业所感受到的制度压力存在明显的区别，其中企业的可见性（Visibility）是关键。可见性是指企业的行为对社会和环境问题产生负面影响的风险程度，以及这种潜在影响受到利益相关者的监督程度。其风险程度越高、利益相关者的关注程度越高，企业的可见性就越高，面临的政治合法性压力就越大、越有可能承担社会责任（Chiu 和 Sharfman，2011）。如高污染行业的企业对于承担保护环境类的社会责任的态度更积极，而在同一行业内部，大企业承担社会责任的积极性明显高于小企业的积极性（Luo 等，2017）。

（二）经济视角的企业社会责任研究

在经济视角的企业社会责任研究中，基本假设是企业承担社会责任是完全受理性驱使，企业的社会责任决策绝对遵循经济理性的原则（Campbell，2007；Wickert 等，2016）。具体而言，如果承担特定的社会责任能够提高企业的财务绩效或者增强企业的竞争优势，那么企业就会积极投入资源承担此类社会责任。相反，如果承担特定的社会责任不会对企业绩效或竞争优势带来正面的影响，则企业会采取回避的态度。

企业承担社会责任能够通过企业声望、企业公平等机制，影响员工对企业的认同程度以及对工作的投入程度，因而会被企业用作管理员工的工具（De Roeck 等，2016）。Flammer 和 Luo 研究发现，当社会失业保险降低员工的解雇成本、加剧其逆向选择时，企业纷纷通过承担与员工相关的社会责任来提高员工对工作的投入程度，降低员工的逆向选择行为（Flammer 和 Luo，2017）。企业承担社会责任还有助于消费者对企业以及企业的产品形成积极的态度，因此很多行业内的社会责任先行者通常会承担与消费者利益相关的社会责任，来实现差异化的竞争策略（Sen 和 Bhattacharya，2001；Flammer，2015）。风险管理视角的研究表明，企业承担社会责任能够提供保险功能，在企业发生负面事件的情形下，降低负面事件对企业的影响程度（Shiu 和 Yang，2017）。所以，容易遭遇负面事件冲击的企业往往更有动机去承担社会责任（傅超和吉利，2017）。

虽然企业承担社会责任能够给企业带来诸多益处，如提高员工的企业认同感、增强消费者的忠诚度，还能帮助企业累积道德资本（De Roeck

等，2016；Sen 和 Bhattacharya，2001；Shiu 和 Yang，2017）。但承担社会责任需要企业进行大量的资本支出、人力资源投入，甚至还需要企业对当前的业务流程和技术范式进行调整（McWilliams 和 Siegel，2001；Dowell 和 Muthulingam，2017）。

企业承担社会责任对财务绩效的净效应，在实证研究的结论上尚未达成共识，有学者认为企业承担社会责任会正面影响财务绩效，也有学者认为企业承担社会责任对财务绩效的净效应为负（Orlitzky 等，2003；Zhao 和 Murrell，2016）。针对企业承担社会责任和财务绩效关系的研究冲突，学者的研究中心已经从争论企业社会责任与财务绩效的绝对关系，转变为探究影响两者关系的情境因素，即更进一步地讨论"何种"社会责任、在"什么时候"能够对绩效产生正面影响。现有研究关注的情境因素包括企业社会责任的类型、企业社会责任与利益相关者的匹配程度、利益相关者对企业承担社会责任意图真诚性的感知等（Hawn 和 Ioannou，2016；Kim 等，2018；Cuypers 等，2016）。

（三）道德视角的企业社会责任研究

道德视角的企业社会责任研究认为，企业是否承担社会责任，既不是迫于外部利益相关者的压力，也不是为了提升绩效和竞争优势，而是基于道德考虑（Donaldson 和 Dunfee，1994）。具体而言，管理者在进行与社会责任相关的企业决策时，商业利益并非唯一的驱动因素，管理者个人的价值观也会产生影响，并且这种影响通过管理者的自由裁量权实现（Hemingway 和 Maclagan，2004）。

管理者道德观念对企业承担社会责任的影响也得到了实证研究的支持。如 Chin 等学者研究发现，相比于保守主义者，持有自由主义意识形态的 CEO 更愿意承担社会责任；并且，CEO 积极承担社会责任的倾向会因为 CEO 权力的上升（自由裁量权上升）而增强，但财务状况恶化时

（自由裁量权降低）则会对这种倾向形成制约（Chin 等，2013）。

还有部分研究在企业层面上探讨了企业意识形态观念对企业社会责任的影响。他们的基本观点是，企业成员的意识形态观念会通过"动机性认知"（Motivated Cognition）和"恰当性逻辑"（Logic of Appropriateness）两种机制泛化为企业的意识形态观念，其结论和个体层面相似，即持有自由主义观念的企业对待企业社会责任更积极，并且这种倾向在人力资本密度较高的企业中体现得更加明显（Gupta 等，2017）。

第三节　本研究相关的理论基础

一、制度理论

制度是指影响个体和组织行为的结构性制约因素，可能是诸如法律规章、政策规则之类的硬因素，也可能是道德观念、文化认知之类的软因素（Scott，2008）。制度理论强调在解释个体或者组织行为时，应该更加关注社会、政治以及文化因素的影响。

从发展过程看，可将 20 世纪七八十年代作为节点，将制度理论分为旧制度主义和新制度主义两个阶段（DiMaggio，1991）。旧制度主义主要在个体层面上研究解释组织行为，强调行为选择的工具性；新制度主义则是在场域层面上分析组织的各种活动，强调组织行为的合法性（DiMaggio，1991；Scott，2008；尚航标和黄培伦，2011）。本研究主要基于新制度主义视角下的制度理论，来解释政治关联对组织行为及其结果的影响。

（一）制度压力与合法性

组织研究在相当长的时间内，关注的焦点都是组织内部的结构和活动,典型的代表为资源基础观(Wernerfelt,1984)。随着组织研究的推进,学者逐渐意识到外部环境对组织的行为及其结果同样存在重要的影响,但是这一研究思潮最初的注意力主要停留在技术和市场这类外部环境,而对文化和规范等更为宽泛的制度环境却未能足够留意。直到20世纪70年代前后,随着新制度主义的兴起并与组织研究合流,制度视角的组织研究才逐渐受到学者的重视。要想理解组织为何以及如何响应制度要求,合法性是一个极其关键的解释机制。

根据Suchman的经典研究 *Managing Legitimacy: Strategic and Institutional Approaches*,合法性是指在一个社会构建的信念、文化和信仰体系内,制度受众(Institutional Audience)对组织及其行为是否恰当、合适并且值得期待的整个感知和评价(Suchman,1995)。实质上,合法性的高低取决于评价主体是谁、评价标准是什么(Tost,2011;任敏,2017)。因此,要想准确理解合法性的概念,需要注意以下几点。

首先,合法性评价的对象既可以是组织整体,也可以是组织在特定方面的行为表现,如承担社会责任等(Marquis和Qian,2014)。前者评价的结果是组织的整体合法性,而后者则反映制度受众对组织特定行为的评价。

其次,制度受众对组织合法性评价的积极程度,会随着评价主体的变化而变化,因为不同主体采取的评价标准存在差异。如同样是针对承担企业社会责任的行为,股东遵循的更多是市场逻辑,即此类行为能够创造价值;政府之类的制度受众的评价标准不会局限于单个组织的盈利问题,而是此类行为的社会价值(Shymko和Roulet,2017)。

最后,合法性表征的是制度受众对组织及其行为的主观感知和评价,可能与组织的实际情况并不一致。合法性是制度受众根据自身的行为准则或者标准,对组织及其行为所做出的主观评价,这种主观感知可能和组织的实际情况一致,也可能存在差别(杨林川等,2017)。正是主观感知和客观现实之间的差异,使组织通过象征性满足外部期望以获取合法性成为一种可能（Bansal 和 Kistruck，2006）。

基于主观评价的界定思路，可以从评价标准的角度将组织合法性细分成三类，分别是实用合法性、道德合法性和认知合法性（Suchman，1995）。实用合法性是指制度受众基于特定行为对自己的利益或者福利产生的直接影响来对组织做出评价，制度受众此时关注的是自身利益，强调的是有用性。道德合法性主张以道德规范为标准来评价组织及其行为，制度受众此时关注的是企业行为是否符合道德规范，而不是是否能够给自己带来直接利益，强调的是正确性。认知合法性主要基于制度受众理所当然的文化认知观念，来评估组织和组织的行为，强调的不再是组织行为的有用性或者正确性，而是应当如此。

较高的合法性意味着组织能够获得利益相关者的积极认可和资源支持，从而确保组织的长期生存和发展（Brønn 和 Vidaver-Cohen，2009；李雪灵和万妮娜，2016；Gao 等，2017）。因此，组织通常会积极响应来自制度受众的期望和要求，进而建立和提高组织的合法性。然而，如果每个组织都遵循同样的思路，就会形成一种被称为"制度同构"的理性神话。即同一场域内的不同组织在组织结构和战略方式等方面有着高度相似性（DiMaggio 和 Powell，1983；苏郁锋等，2015）。组织场域是指由那些共享相同价值、意义系统的个体组织结合而成的组织社区，在组织社区内（组织场域），组织之间会进行频繁的、深度的互动，而与组织社区外的其他组织的互动则相对较少，并且这些互动对组织的影响也相对较轻（DiMaggio 和 Powell，1983；Dacin 等，2002）。例如，同一行业的不同企业所构成的整体是一个组织场域；同样，同一地区不同企业的集合体，也构成了一个组织场域（苏郁锋等，2015）。

（二）单一制度逻辑与组织响应

按照合法性理论，既然组织会为了获取合法性而积极响应制度受众的期望和要求，那么自然会形成场域内不同组织在所有重大方面的高度相似，即所谓的制度同构（DiMaggio 和 Powell，1983；涂智苹和宋铁波，2016）。然而，随着制度视角的组织研究不断推进，有学者开始对制度同构的观点提出疑问，认为制度同构过分强调制度压力，对组织在响应制度压力过程中所发挥的嵌入式能动性却未能充分关注（Hoffman，1999；Rao 等，2003；Zietsma 和 Lawrence，2010）。

组织如何才能在应对制度压力时充分发挥能动性？代表性的研究当属 Oliver 的 *Strategic Responses to Institutional Processes*（Oliver，1991）。Oliver 通过对比制度理论和资源依赖理论，解释了组织可以用来应对制度压力的五种策略，即顺从策略、妥协策略、回避策略、抵制策略和操纵策略，这五种策略对制度压力的抵制程度逐渐上升。

顺从策略意味着组织会完全顺从制度受众的期望和要求；妥协策略标志着组织只会部分满足制度受众的期望和要求；而回避策略通常被组织用来平衡外部期望和内部效率的矛盾，或者协调不同制度受众相互冲突的要求，典型的实现方式如解耦。相比前三种策略，抵制策略和操纵策略具有明显的抵抗特征，如采取抵制策略的组织通常直接忽略制度受众的要求，有时甚至还会采取与制度受众的期望完全相反的行为；而操纵策略不但彻底拒绝顺从制度受众的期望，还会通过积极开展各种活动来改变和调整制度受众的期望，进而将组织的行为合法化。

根据 Oliver 提出的应对制度压力的五种策略，制度压力对组织行为的影响不再具有绝对的普适性。具体而言，不同的情境因素会对组织响应制度压力的意愿和能力形成制约，最终影响组织对制度受众期望的顺从程度。

（三）多重制度逻辑与组织响应

新制度主义的早期研究过度强调主导制度逻辑情境的同构效应，即组织为了获取合法性而导致的同质化现象。此类研究不能完全解释组织场域内存在的组织差异化行为。为了更好地解释相同制度压力下组织行为的差异化，学者开始关注行为主体的能动性，即前文所述的制度压力的战略应对理论（Oliver，1991；Hoffman，1999；Rao 等，2003）。学者对于组织行为的差异化研究，除了从行为主体的角度解释，还从制度本身进行解释，提出了基于制度逻辑的制度多样性理论（Greenwood 等，2011；杜运周和尤树洋，2013）。

制度多样性理论与单一制度理论的区别在于，单一制度理论假设组织场域内部只存在一种制度逻辑，或者是虽然存在多种制度逻辑，但只存在一种占主导地位的制度逻辑。制度多样性理论强调组织场域内部有多种制度逻辑共存，不同制度逻辑通过互动和竞争共同影响组织的行为，不存在所谓的主导逻辑（Mazza 和 Pedersen，2004；McPherson 和 Sauder，2013）。

虽然多种制度逻辑的共存并不意味着必然存在冲突，但是制度多样性理论更关注不同制度逻辑的竞争关系，即制度复杂性（Institutional Complexity）对组织行为的影响（Greenwood 等，2011）。制度复杂性描述了不同制度逻辑对组织行为的要求相互冲突的状态，如何应对彼此不兼容的制度要求为组织带来了重大的挑战。

虽然制度复杂性会给组织行为和活动带来挑战，但是组织所感受的冲突程度在不同组织之间有着很大的区别。其中，组织场域的结构以及组织自身的特征是影响组织对制度复杂性感知的两个重要因素（Khan 等，2007；Battilana 等，2009）。在不同因素的影响下，组织对制度复杂性的感知存在差异，因而所采取的应对策略也有所区别。根据制度多样性理论的观点，组织响应制度复杂性的策略，主要包括规避策略、选择策略和平衡策略（King 和 Soule，2007；Bromley 和 Powell，2012；杜运周和尤树洋，2013）。

规避策略是指组织不遵从任何的外部期望，而是通过各种活动来建立自己的组织身份，将组织自身的行为逻辑合法化，成为组织场域内一种新的制度逻辑。选择策略是指组织在遭遇制度复杂性时，会基于特定的因素，选择服从某种具有优先级的制度逻辑，而忽略其他制度逻辑。相对而言，采取平衡策略的组织会同时满足不同制度逻辑的要求，但又不完全服从所有外部期望，典型的方式如解耦。

根据制度学者的观点，组织的解耦策略可以分为两种类型，分别是政策采纳和实现相分离的解耦（Policy-Practice Decoupling，PPD）、手段和目标不匹配的解耦（Means-Ends Decoupling，MED）（Bromley和Powell，2012；Wijen，2014）。

PPD是指组织仅在形式上遵守外部期望，组织的日常实践活动并不会受到外部压力的实质性影响，换言之，组织外部的行动者无法通过观察组织的形式活动来预测组织内部的真实行动。如企业在绩效下滑的情形下，企业更有可能对外发布股票回购、股权激励等计划来提振投资者的信心，但是这些计划很少被真正地执行（Westphal和Zajac，1994）。再如美国国家环境保护局在《清洁空气法案》（*The Clean Air Act*）中规定了企业自我监督的条款，但工业设备制造企业大多数只是形式上公开承诺会遵守相关条款，却并未真正践行这一承诺（Short和Toffel，2010）。

MED是指组织会进行实质性的资源投入以满足政策要求和外部期望，但其并不一定能够满足政策要求或者是外部期望。如微软前高管John Wood开展了一项旨在推动发展中国家教育水平的项目，该项目想通过给发展中国家的孩童提供书籍和建造图书馆来解决教育问题。然而，该项目投入大量资金购买的书籍和建造的图书馆，并不能实质性地改善发展中国家的教育水平，因为很多孩童连基本的阅读能力都不具备，导致他们捐赠的书籍很少被真正利用起来（Bromley和Powell，2012）。类似这样方式和目标不匹配的现象也常见于审计领域，如财务审计通常是结合小样本抽样、专家判断、与内部人员合作等方式来达到最终目标——防止财务欺诈。然而,样本抽样本身并不能保证绝对正确,专家判断带有高度的主观性,内部可能存在舞弊现象,这些都可能导致审计实际所做的工作和最终想达到的目的不一致,即 Power 所说的预期缺口(Expectations Gap)(Power, 1997)。

对比这两种解耦方式,PPD 关注的焦点在于,组织为什么未能开展实质性的活动,而只是将遵守行为停留在形式上? MED 关心的却是,组织花费那么多的资源去践行外部期望,这些行动最终为什么没能实现最初的目标? 用通俗的话来概括这两种解耦方式,PPD 即只说不做,MED 则是做而无用。

二、资源依赖理论

资源依赖理论可以分为封闭系统观和开放系统观两种模式(Scott, 2008)。封闭系统观将组织看作一个封闭的系统,研究的焦点是组织内部的惯例、过程以及成员激励等内容。开放系统观则将组织看作一个开放的系统,组织开展的任何活动都是基于特定的外部环境,因此组织和外部环境之间的互动关系会影响组织的行为。

Pfeffer 和 Salancik 基于开放系统观的组织研究范式,提出了影响深远的资源依赖理论(Resource Dependence Theory, RDT),用以刻画组织与外部环境之间的相互依赖关系(Pfeffer 和 Salancik, 2003)。

资源依赖理论认为,组织的生存和发展需要多种关键资源,但是组织自身几乎不可能同时拥有或者控制这些资源(吴小节等, 2015)。因此,组织需要通过交换的方式来获取外部利益相关者手中的资源,从而确保组织的正常运转。然而,组织通过交换的方式获取外部资源的同时,形成了对外部利益相关者的依赖,使组织更容易受到外部利益相关者的影响,进而增加组织发展的不确定性(Hillman 等, 2009)。这种不确定性取决于组织对外部环境的依赖程度，依赖程度越高，组织面临的不确定性越高（Drees 和 Heugens，2013）。进一步讲，依赖程度又取决于资源重要性、资源配置权以及资源的外部集中度等因素。

（一）资源重要性

外部环境对组织的影响程度，取决于组织与环境所交换的特定资源的重要程度。资源重要性可以从定量和定性两个维度来理解。

定量维度关注特定资源在组织总投入或者总产出中的相对比例，这个比例越高，特定资源对组织就越重要（Pfeffer 和 Salancik，2003）。例如，专业化企业因为只提供一种产品或者服务，所以对消费者的依赖程度明显高于提供多种产品或者服务的多元化企业；同样，对于只需要一种原材料的生产组织，对供应商的依赖程度显著高于那些需要多种原材料的生产组织（张铁男等，2011）。

定性维度关注特定资源的关键性。资源对组织的关键性通常不能通过数量来衡量，而是通过在缺少此类资源的情形下，组织的运转情况来反映。如果所交换的资源不能正常供给，组织的运转就会放缓甚至被迫中断，那么即使这种资源的使用量很小，其对组织而言仍然是关键资源。

总而言之，特定资源对组织的关键性越高、在组织总投入或者总产出的相对量级越大，这类资源对组织越重要，组织对此类资源的依赖程度就越高。但是，资源依赖理论也认为，资源重要性并非恒定不变的，而是会随着环境的变化而动态调整的。

（二）资源配置权

影响组织对特定资源依赖程度的第二个因素，是其他特定主体对特定资源的控制程度，即其他特定主体对特定资源配置和使用的自由裁量权，这种自由裁量权越高,组织对特定资源的依赖程度就越高(Casciaro 和 Piskorski,2005)。其他主体为了提高对组织的影响力,可以通过多种方式实现对特定资源的控制,如加强所有权,制定资源使用规则等。

加强所有权是特定主体控制资源的典型方式,如果特定主体对自己所拥有的知识和信息拥有绝对的控制能力,就可以决定谁能使用这些资源以及如何使用这些资源(周建等,2013)。有时候,特定主体虽然不直接拥有某些资源,但是能控制资源的使用,这也能给特定主体带来控制优势。如连锁董事作为两个企业之间的关系通道,能够将一方的信息和知识传递给另一方,这种传播功能也会给连锁董事带来权力(卢昌崇等,2006;陈运森和郑登津,2017)。

除此之外,特定主体既不直接拥有资源,也不能控制资源,但有权力制定资源使用规则。资源使用规则会影响权力在组织之间的分配,特定主体借此实现对资源的间接控制(周飞舟,2007)。

总结起来,外部环境中的特定主体可以通过加强所有权、制定资源使用规则等方式实现对特定资源的控制,进而对组织及其行为产生影响。

(三)资源的外部集中度

即使某项资源对组织来说非常重要,外部环境中的特定主体也拥有对该项资源的配置权,这并不意味着核心组织(Focal Organization)必然会与拥有资源的特定组织形成依赖关系(Hillman 等,2009;吴小节等,2015)。核心组织对特定组织的依赖程度还取决于特定资源的外部集中度。换言之,即使某个外部利益相关者拥有组织所需要的重要资源,只要组织能通过其他途径获得该项资源,或者组织能获取到具有同样价值的替代资源,核心组织就并非必须依赖特定组织进行资源获取,因而不会形成较高程度的依赖关系(刘立和党兴华,2014)。在经济领域,市场份额最大的

4家（CR_4）或者8家（CR_8）企业的整体市场占有率，是衡量市场集中度的经典指标（Casciaro和Piskorski，2005；曾伏娥和袁靖波，2016）。类似的测量思路可以推广到其他领域，用以衡量组织所需资源的外部集中度。

总结起来，核心组织对环境中特定主体的依赖程度，可以看作资源重要性、资源配置权以及资源集中度的乘积（Pfeffer和Salancik，2003；Hillman等，2009）。特定资源对核心组织越重要，外部利益相关者对资源的控制能力越强，特定资源的外部集中度越高，核心组织也就越依赖该项资源的拥有者。

三、权变理论

权变理论与资源依赖理论类似，也是基于开放系统观来解释组织的结构和行为，强调环境对组织行为选择的制约作用。权变二字的内涵——随机应变、相机决策，准确而生动地表达了权变理论的核心思想，即不存在普适性的管理理论和观点，一切决策都应该视情境而定。

在管理学的研究中，不论是在微观层面（组织行为）的研究中还是在宏观层面（战略管理）的研究中，权变视角已成为主流的研究范式。但是权变理论最初诞生于微观层面的领导力研究，代表性的研究是美国管理学家和心理学家Fiedler提出的权变模型（Fiedler，1964）。Fiedler花费了将近15年的时间，对1200多个组织进行了案例研究，最终发现不存在绝对有效的领导方式，特定领导方式的效力取决于领导和下属的关系、组织任务的结构化程度以及领导者的职位权力等情境变量（Fiedler，1964）。

House提出的路径——目标模型的主要观点是领导被看作一种激励下属的过程，而这种激励的效果会受到下属特征和环境特征的影响（House，1971）。House发现，有效的领导方式可以划分为指导型、支持型、参与型和成就取向型四种，具体采取何种方式激励下属，则需要根据被激励的下属特征以及环境特征来动态调整。

权变理论成熟的标志是美国管理学家 Luthans 在 1973 年发布的论文 *The Contingency Theory of Management: A Path out of the Jungle* 以及 1976 年与其他学者合作出版的专著 *Introduction to Management: A Contingency Approach*。Luthans 等学者梳理了权变理论的基本概念和理论框架,进一步提出了关于权变理论的一般解释框架,由此奠定了权变理论在组织研究中的地位。

虽然权变理论来自微观层面的领导力研究,但其应用早已湿透宏观层面的战略管理研究,如环境特征作为调节变量已被众多学者用于探测企业战略行为的边界条件。Dess 和 Beard 将环境特征划分为动态性、复杂性和包容性,战略研究学者规范引用这种分类方法,将不同维度的环境特征作为调节变量用于战略研究(Dess 和 Beard,1984)。Graffin 等学者研究了环境动态性对历史并购绩效与后续并购行为关系的调节作用(Graffin 等,2016)。连燕玲等学者探讨了环境包容性对经营期望差距与战略变革关系的制约作用(连燕玲等,2015)。Ozmel 等学者则基于高科技企业的研究情境,分析了环境复杂性对企业并购行为产生的影响(Ozmel 等,2017)。

第四节 本章小结

本章介绍了政治关联和企业社会责任的研究背景。在政治关联方面,主要介绍了政治关联的主要界定方式和测量方法,并系统总结了关于政治关联影响组织结果的两种观点,即政治关联的缓冲功能强调政治关联的积极价值,而绑定功能看重政治关联的关系成本。在企业社会责任方面,介绍了现有研究中对于概念的界定和测量,还介绍了企业社会责任的三种研究视角,即经济视角、制度视角和道德视角。不同研究视角强调企业承担社会责任的不同动机,制度视角强调制度压力,经济视角强调利益驱动,而道德视角则关注管理者的道德观念对社会责任的影响。通过系统性的回顾总结，本章为接下来的假设开发提供了充足的文献基础。

本章还介绍了研究相关的几种理论，包括制度理论、资源依赖理论以及权变理论。主效应的模型构建主要基于制度理论，用来介绍不同层次政治关联对企业承担社会责任的差异化影响，以及解释存在两层政治关联企业在承担社会责任时为何采取解耦策略。资源依赖理论和权变理论主要用于解释制度环境对政治关联和社会责任关系的调节作用，预测了不论政治关联发挥的是何种功能，在落后的制度环境下都会被进一步强化，同时落后的制度环境还能加剧企业解耦策略的执行。本章通过对相关理论的系统梳理，为后续假设夯实了基础。

第三章 理论模型与研究假设

第一节 核心概念界定与测量

一、政治关联

第二章有关政治关联的阐述表明,企业和政府之间可以通过多种方式建立政治关联,如股权关系、高管的私人关系或者政府背景、政治献金等(Hillman 等,2004;封思贤等,2012;Mellahi 等,2016)。而对政治关联不同的界定方式,又会引出不同的测量方式(Johnson 和 Mitton,2003;Fan 等,2007;Claessens 等,2008;马晓维等,2010;杨京京等,2012;李维安等,2015)。政治关联的界定和测量虽然在学术研究中具有显著的情境依赖特征,从而形成了百家争鸣的现状,但整体上还是呈现出某种主流方式。总结起来,大多数研究是将企业的高管是否具有政府背景作为企业政治关联的判断标准。

另外,将高管的政府背景进行操作化时,大多数研究是通过设置虚拟变量进行赋值。但这些主流方式的政治关联研究也存在细微的区别,即对于选择哪些高管作为观察对象并无统一意见。大多数研究将董事长和 CEO 作为观察对象,少部分研究只观察董事长或者 CEO,还有极少数研究将全体高管作为观察对象。例如,李健等学者在研究政治关联和企业价值的关系时，只关注董事长的政府背景（李健等，2012）。杨京京等学者将董事长和CEO作为观察对象，从实物期权的角度研究了政治关联和企业增长的关系（杨京京等，2012）。吴超鹏等学者则将政治关联研究的观察对象扩大到全体高管，并基于这一界定研究政治关联对高管离职的影响（吴超鹏等，2012）。

本研究参考政治关联现有的研究成果，从政治关联的层级属性出发，将政治关联分为中央政治关联和地方政治关联（李健等，2012；曾萍和邓腾智，2012；蔡庆丰等，2017）。其中，中央政治关联是指高管的政府背景建立在中央政府层面，地方政治关联是指高管的政府背景建立在地方政府层面。在企业社会责任的研究情境下，之所以需要特别关注政治关联的层级属性，一个重要的原因就是中央政府和地方政府对企业承担社会责任的需求有差异（Luo等，2017）。因此，不同层次政治关联所发挥的功能可能存在差异，进而对企业承担社会责任产生差异化的影响。本研究正是基于政治关联的层级属性这种潜在的制约作用，同时借鉴李健以及蔡庆丰等学者的研究思路，构建了中央政治关联和地方政治关联这两个自变量（李健等，2012；蔡庆丰等，2017），并且将同时存在中央政治关联和地方政治关联的情形界定为两层政治关联。

二、企业社会责任

本研究中关于企业社会责任的内涵界定，遵循现有研究中的ESG框架，即主要观察企业在环境保护、社会发展促进以及企业治理等方面对利益相关者期望的满足程度（Clarkson，1995；Chen和Delmas，2011；Orlitzky等，2017）。在测量方法上，本研究主要借助润灵环球发布的上市企业CSR报告评级，对企业社会责任进行操作化。

润灵环球是国内专业的第三方社会责任评估机构，大概在每年的12月会发布上市企业本年度的CSR报告，主要从整体性、内容性、技术性以及行业性四个方面对上市企业承担的社会责任进行评估，并将最终的评估结果量化为1~100的某个分值，用以衡量企业在承担社会责任时的资源投入程度。管理学国际刊物如 *Organization Science* 和 *Academy of Management Journal* 等上有关中国企业社会责任的研究，多使用此数据库的数据（Marquis 和 Qian，2014；Luo 等，2017）。

本研究采用上市企业 CSR 报告评价的得分来衡量企业在承担社会责任时的资源投入程度（CSR 报告质量）。因变量"CSR 报告发布"的测量，则通过设置虚拟变量来表征企业是否发布了 CSR 报告。

三、不同层级政府对企业承担社会责任需求差异

大多数学者在企业社会责任的现有研究中持有政府偏好的同质性观点，即认为不同层级政府对企业承担社会责任的偏好完全一致，但实际情形并非如此（Campbell，2007；Short 和 Toffel，2010；Reid 和 Toffel，2009）。已有研究指出，政府系统本身并非完全同质的单一实体，政府内部不同层级之间，如中央政府和地方政府对企业承担社会责任偏好存在明显差异，甚至是相互冲突的（Oates，1999；Luo 等，2017）。在中国转型的背景下，地方的高度自治权、落后的市场经济制度、地方官员晋升等制度安排，使中央政府和地方政府对企业承担社会责任的需求存在明显差异（马训祥，2009；徐键，2012；郭岚和苏忠秦，2017；Luo 等，2017）。

中央政府从统筹全社会发展的角度，积极鼓励企业承担社会责任，对企业承担社会责任的需求不但明确，而且非常迫切。正是基于这一背景，党的十六届四中全会首次提出构建社会主义和谐社会的战略目标，以此统筹社会和经济的全面发展（中国社会科学院课题组，2005；王春福，2006）。企业承担社会责任作为构建和谐社会的重要举措，充分体现了政府追求"和谐社会"的意志，因而受到高度重视。国务院国有资产监督管理委员会在 2007 年年底颁布了《关于中央企业履行社会责任的指导意

见》，要求中央企业"建立和完善履行社会责任的体制机制。把履行社会责任纳入公司治理，融入企业发展战略，落实到生产经营各个环节"。

地方政府与中央政府不同，对企业承担社会责任不存在强烈的需求，这主要是由多种因素造成的。例如，财税激励政策驱使地方政府努力发展经济、获取财税收入，近年来的土地财政就是最好的例证（贾俊雪和应世为，2016）。不仅如此，经济发展除了能够带来税收，还能增加地方官员向上晋升的可能性。虽然近年来对地方官员的考核不再以国内生产总值（GDP）为绝对指标，但经济绩效仍然具有明显的影性（郭广珍，2010；周黎安和陶婧，2011）。另外，城镇化使丰富的劳动力从农村转移到城市，地方政府必须通过经济的高速增长来确保充分就业，避免失业引发社会问题（曹书军等，2009）。总之，现实的税收、就业以及晋升问题，迫使地方政府将主要资源和注意力放在经济发展上，从而轻视甚至忽略社会问题（纪志宏等，2014；贾俊雪和应世为，2016）。

总结起来，不同层级的政府对企业承担社会责任的需求存在明显的差异，具体表现为中央政府对企业承担社会责任的态度是积极倡导、高度重视，而地方政府对企业承担社会责任的态度是不反对，但也不重视，二者态度的积极性明显不同。正是这种迥异的态度激活了政治关联的不同功能，影响了政治关联和企业承担社会责任之间的作用机制。

第二节　模型构建

一、主效应模型

政府作为诸多关键资源的拥有者和配置者，对企业发展的意义不言而喻。企业基于资源获取的需要，积极构建与政府之间的关系（政治关联），典型的方式包括聘任政府官员担任董事，管理者主动去赢取人大代表、政协委员之类的任命资格（封思贤等，2012；Mellahi 等，2016）。然而，学术界对于政治关联如何影响企业的行为以及绩效，始终未能形成统一的结论（Sun 等，2012）。强调政治关联正面价值的学者认为，政治关联能够发挥缓冲功能，而强调政治关联负面价值的学者认为，政治关联能够发挥绑定功能（Hillman，2005；Lester 等，2008；Correia，2014；Guthrie 和 McQuarrie，2008；Marquis 和 Qian，2014）。

关于政治关联和企业社会责任的研究成果虽然丰富，但存在相互矛盾的研究结果。因此，如何协调不一致的研究结果成为学术界需要解决的重要问题。本研究基于政治关联的层级属性，将政治关联分成中央政治关联和地方政治关联，分别考察不同层次政治关联对企业承担社会责任的影响。因为中央政府和地方政府在企业承担社会责任的需求方面存在差异，所以不同层次政治关联发挥的功能也有所区别，最终形成不同层次政治关联对企业承担社会责任的差异化影响。如果不同层次政治关联对企业承担社会责任的影响恰好相反，那么存在两层政治关联的企业会面临矛盾的行为逻辑，进而引发更复杂的企业社会责任响应策略。根据本节的阐述，本研究的主效应模型如图 3-1 所示。

图 3-1 本研究的主效应模型

二、调节效应模型

基于中央政府和地方政府在企业承担社会责任方面的需求差异，本研究考察不同层次政治关联对企业承担社会责任的差异化影响。同时，本研究还考察了影响政治关联和企业承担社会责任之间关系的情境变量。具体而言，本研究综合资源依赖理论和权变理论，考察地区制度环境对政治关联和企业承担社会责任关系的调节作用。其中，地区制度环境用王小鲁和樊纲等学者编制的市场化指数来衡量。虽然中国的市场化改革已历经三十多年，但不同地区的制度环境仍然存在较大差异，并对企业的战略行为产生重要影响。如落后的制度环境会迫使企业采取更为激进的国际化战略（Luo 和 Tung，2007），会显著增加企业面临的外部资源约束（邹国庆和倪昌红，2010）等。

总结起来，制度环境的发达程度对企业的直接影响是资源约束，而企业承担社会责任需要大量的资源投入，由此可知，制度环境通过资源约束影响企业承担社会责任，进而对政治关联和企业承担社会责任之间的关系产生调节作用。具体说来，不论政治关联发挥的是绑定功能还是缓冲功能，落后的制度环境会进一步影响政治关联特定功能的发挥。同样，显著的资源约束还会导致存在两层政治关联的企业采取解耦策略。如此，制度环境能够显著调节不同层次政治关联和企业承担社会责任之间的关系。本研究的调节效应模型如图 3-2 所示。

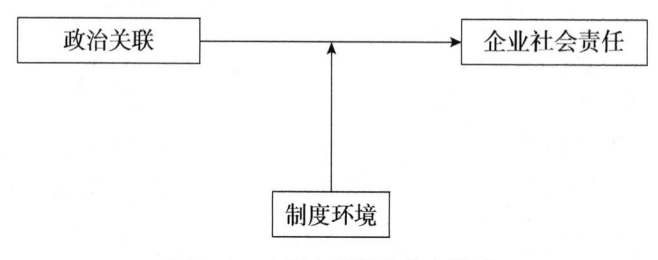

图 3-2　本研究的调节效应模型

第三节　主效应研究假设

企业承担社会责任时，需要进行大量的资源投入，如购买资本设备、配置人力资源，甚至可能需要对业务流程、技术范式进行调整（McWilliams 和 Siegel，2001；Dowell 和 Muthulingam，2017）。如此显著的成本消耗，以及企业变革带来的不确定性，使企业往往不愿意采用实质性的方案，而是采取解耦策略（Greenwood 等，2011），即企业通过发布低质量的 CSR 报告来实现解耦的目的：一方面，通过象征性地发布 CSR 报告来满足外部期望，以获得政治合法性，规避外部利益相关者的监督（Marquis 和 Qian，2014）；另一方面，企业不进行实质性的资源投入，从而降低对企业运营、绩效的影响（Luo 等，2017）。因此，探讨政治关联对企业承担社会责任的影响，不仅需要关注企业是否承担了社会责任（表现为 CSR 报告发布），还应该考虑企业在承担社会责任时的资源投入程度（表现为 CSR 报告质量）（Marquis 和 Qian，2014）。

一、中央政治关联与企业社会责任

中央政府通过发布《社会责任报告编写指南》来表达对企业承担社会责任的期望，但这种行为指引只是社会规范，并不是具有强制性的法律法规。根据 Oliver 应对制度压力的策略，规制性和规范性的制度压力虽然都能够影响企业的行为，但规范性制度压力因缺乏明确的惩罚机制对企业的影响较小（Oliver，1991）。本研究认为，存在政治关联等制度连接的企业更有可能积极地承担社会责任。

中央政治关联能够从两个方面推动企业承担社会责任，从而激活政治关联的绑定功能。一方面，政治关联作为企业与政府之间的信息通道，能够有效传递中央政府的规范性期望。对于存在中央政治关联的企业，其管理者往往有机会与政府进行直接的沟通，如通过每年一度的全国人民代表大会、中国人民政治协商会议等，可以了解中央政府的执政理念和工作重心（Li 等，2008）。除此之外，存在中央政治关联的企业的管理者还可以通过与政府官员的非正式接触，进一步体会和理解政府政策（张祥建等，

2015）。通过此类正式、非正式的接触和交流，中央政府关于企业社会责任的期望更有可能被存在中央政治关联的企业所理解和接受。另一方面，中央政治关联等制度连接的存在，使企业被置于中央政府的高度监督之下。中央政治关联不仅能够帮助企业更好地理解政府，也有助于政府了解和关注企业的行为（Edelman，1992）。中央政治关联的建立表明中央政府对关联企业的认可和背书，这能够给企业带来政治合法性和资源。中央政府因而也会对这些企业拥有较高的期待，希望企业能够理解政府的顾虑，帮助政府解决社会问题（Luo 等，2017）。在这种背景下，存在中央政治关联的企业出于维护政治合法性以及获取资源的考虑，有意去满足中央政府的期望，积极承担社会责任。

如果不存在中央政治关联，企业及其管理者对于中央政府关于企业社会责任理解程度有限，甚至可能体会不到中央政府的执政意图，从而轻视企业社会责任。另外，即使企业意识到了承担社会责任的公共价值，但因为不存在中央政治关联，企业感受到的规范性压力相对较小，从而不愿意投入太多的资源开展相关活动。基于此，本研究提出如下假设。

H_{1a}：相比不存在中央政治关联的企业，存在中央政治关联的企业发布 CSR 报告的可能性更大。

中央政治关联发挥的是绑定功能，即中央政治关联的存在能够有效驱使企业满足中央政府的期望，积极地承担社会责任。然而，制度理论表明，企业可能会采取解耦策略来应对外部期望，即只在表面上采取外部利益相关者所要求的政策方案，但并不投入资源去实现政策方案。企业之所以选择会将政策采纳和政策实现相分离，是因为企业缺乏执行政策方案的动机，或者是因为企业欠缺实现政策方案的资源和能力（Greenwood 等，2011；Bromley 和 Powell，2012）。本研究认为，存在中央政治关联的企业，不但会以积极的态度来承担社会责任，而且拥有承担社会责任的资源，也会发布高质量的 CSR 报告。

中央政治关联能够给企业带来关键资源，包括某些商业特权，强烈的资源依赖关系使企业有动机去满足中央政府的期望（Mellahi 等，2016）。企业对中央政府关于社会责任的呼吁，如果仅仅做出象征性的响应，而没有实质性的资源投入，本质上属于投机行为。中央政治关联的存在使企业面临中央政府的高度监督，一旦这种投机行为被发现，其后果就是丧失中央政府的认可，相应的政治合法性和资源也会丧失（Luo 等，2017）。所以，存在中央政治关联的企业通过低质量的 CSR 报告应付中央政府的意愿较低。这一推断也得到了实证结果的支持。Lounsbury 针对美国大学的研究表明，相比于私立大学，公立大学因为需要政府的基金资助，所以对政策服从的实质性程度更高（Lounsbury，2001）。

另外，政府出于有效管理社会经济的目的，将政协委员、人大代表这类的政治任命主要赋予那些发展成功、社会影响较大的企业管理者（Zhang 等，2016）。存在中央政治关联的企业通常拥有足够的资源和能力，它们有动机、有能力承担社会责任，因此在承担社会责任时，采取解耦策略的可能性较小。基于此，本研究提出如下假设。

H_{1b}：在发布 CSR 报告的前提下，相比不存在中央政治关联的企业，存在中央政治关联的企业的 CSR 报告质量更高。

二、地方政治关联与企业社会责任

中央政治关联迫使企业通过承担社会责任来满足中央政府的期望，从而激活政治关联的绑定功能。与此相反，地方政治关联激发的是缓冲功能，使存在地方政治关联的企业不仅可以免于承担社会责任，还能避免地方政府的惩罚。本研究认为，地方政治关联之所以能够发挥缓冲功能，而非绑定功能，主要是由企业和地方政府共同决定的。

从企业方面看，企业通常不愿意为承担社会责任而投入过多资源。虽然承担社会责任能够给企业带来诸多潜在收益，如增强员工的企业认同感、提高消费者的购买意愿以及获得外部利益相关者的认可（De Roeck 等，2016；Sen 和 Bhattacharya，2001；Wei 等，2017），但是承担社会责任需要企业进行大量的资源投入，如购买设备、配置相应的人力资源（McWilliams 和 Siegel，2001）等。不仅如此，承担社会责任还可能需要企业调整现有的组织结构、业务流程，甚至中断当前的技术范式（Dowell 和 Muthulingam，2017）。承担社会责任能否给企业带来正面的净效应，还存在相当程度的不确定性。实证结果进一步佐证了企业承担社会责任对绩效影响的不确定性，有研究发现企业承担社会责任能够正面影响企业绩效，也有研究发现企业承担社会责任对企业绩效有负面影响（Orlitzky 等，2003；Zhao 和 Murrell，2016）。总而言之，关于企业承担社会责任与企业绩效的关系研究，并不能给企业管理者在承担企业社会责任方面提供明确的指导。因此，从经济理性的角度看，企业承担社会责任的意愿较低。

从地方政府方面看，地方政府仍然将经济增长作为主要的工作目标，对社会问题的重视程度有限。虽然中央政府站在统筹社会全面发展的高度提出和谐社会的发展理念，呼吁社会各界在追求经济效益的同时，应该对日益严重的社会问题加以关注，但地方政府仍然痴迷于追求经济的高速增长。这背后的原因既有对税收、就业等现实问题的考量，也有主观认知因素的制约（曹书军等，2009；贾俊雪和应世为，2016；Luo 等，2017）。

税收方面，在分税制的财税制度下，地方政府能够有效分享经济增长的成果。强烈的财政激励驱使地方政府大力发展经济，获取税收收入，典型的例证如近年来如火如荼的土地财政（贾俊雪和应世为，2016）。

就业方面，经济增长的背后是大量剩余劳动力从农村流入城市，地方政府需要通过足够的经济增长来实现充分就业，避免大规模的失业（曹书军等，2009）。

认知方面，长期以来的官员绩效考核强调 GDP 的绝对优先地位，使地方官员过度关注 GDP 的增长，逐渐形成经济成就是政府工作成功与否的核心标准的执政观念（Luo 等，2017）。用经济成就来衡量成功的主观认知，导致地方政府将主要资源和注意力都放在经济发展上，从而轻视甚至忽略社会问题。

企业不愿意承担社会责任和地方政府不重视企业社会责任，共同诱发了存在地方政治关联的企业对社会责任的回避行为。尽管如此，承担社会责任仍然是中央政府倡导的社会规范行为，企业如果不承担社会责任，很有可能遭受来自中央政府的行政干预甚至是间接的惩罚。然而，已有研究表明地方政治关联能够发挥缓冲功能，如抵挡中央政府对企业的不合理干预（Hillman，2005；Lester 等，2008；郭岚和苏忠秦，2017）。因此，本研究认为，在地方政府不够重视企业社会责任的背景下，存在地方政治关联的企业会充分利用地方政治关联的缓冲功能，规避社会责任的承担，因而发布 CSR 报告的可能性较小。基于此，本研究提出如下假设。

H_{2a}：相比不存在地方政治关联的企业，存在地方政治关联的企业发布 CSR 报告的可能性更小。

地方政治关联的存在，减小了存在地方政治关联的企业承担社会责任的可能性（表现为是否发布 CSR 报告）。不仅如此，即使企业基于其他原因承担了社会责任，地方政治关联的存在还会降低企业承担社会责任的资源投入程度，从而促使企业发布低质量的 CSR 报告。按照制度理论，企业之所以采取解耦策略应对外部压力，是因为缺乏实现政策方案的动机，或者是因为缺乏实现政策方案的资源和能力（Greenwood 等，2011；Bromley 和 Powell，2012）。

本研究认为，存在地方政治关联的企业之所以未在承担社会责任时进行实质性的资源投入，主要是因为缺乏动机。企业不论是基于政府还是其他利益相关者的压力而承担社会责任，其最终目的都是维护好与外部利益相关者的关系，进而确保企业的资源获取（Hillman 等，2009）。然而，政治关联的缓冲功能意味着企业可以通过这种制度连接，获取重要的信息和资源,从而降低对其他外部利益相关者的依赖程度(Hillman,2005;Lester 等,2008)。因此,即使企业基于其他原因发布了 CSR 报告,也不大可能进行实质性的资源投入。

企业在承担社会责任时的资源投入会直接影响政策方案的实现程度,最终表现为 CSR 报告质量的高低。如果企业在承担社会责任时确实投入了大量资源,就会在 CSR 报告中详细阐述企业已经开展的活动、活动方案当前的实现程度、计划开展的后续活动方案,以及可持续的资源供给规划等。相反,如果企业在承担社会责任时象征性地发布 CSR 报告但不进行实质性的资源投入,报告自然就不充分、没有实质性内容,专业机构对 CSR 报告质量的评价自然较低(Bansal 和 Kistruck,2006)。基于此,本研究提出如下假设。

H_{2b}:在发布 CSR 报告的前提下,相比不存在地方政治关联的企业,存在地方政治关联的企业的 CSR 报告质量更低。

三、两层政治关联与企业社会责任

由于政府内部对企业社会责任的需求异质性,导致不同层次政治关联发挥不同的功能。具体而言,中央政治关联发挥绑定功能,促使企业承担更多的社会责任。地方政治关联相反,发挥的是缓冲功能,能够帮助企业免于承担社会责任。那么,如果企业同时存在中央政治关联和地方政治关联,应该如何协调相互冲突的行为逻辑?企业最终面临的选择是非此即彼,还是能兼而有之?

本研究认为,同时存在中央政治关联和地方政治关联的企业会通过解耦策略来协调相互矛盾的绑定功能和缓冲功能,进而做到兼而有之。制度理论表明,制度逻辑冲突会导致企业采取解耦策略,即企业只是象征性地遵从相关制度,以交换政治合法性和资源,但并不会进行资源投入或者内部调整,进而避免对企业绩效和效率造成影响(Greenwood 等,2011;Bromley 和 Powell,2012)。

具体到企业承担社会责任，同时存在两层政治关联的企业会通过发布低质量 CSR 报告来实现其解耦的目的（Marquis 和 Qian，2014）。一方面，企业积极地发布 CSR 报告，响应中央政府关于企业承担社会责任的呼吁，以此获取来自中央政府的政治合法性以及重要资源。另一方面，关联企业又会利用地方政治关联的缓冲功能，减小甚至规避因为违反社会责任规范而遭受的行政干涉和惩罚的可能性，从而减少在承担社会责任时的资源投入（Hillman，2005；Lester 等，2008）。如果企业没有实质性地投入资源，没有切实承担具体的社会责任，CSR 报告质量自然较低。基于此，本研究提出如下假设。

H_{3a}：相比其他情形，存在两层政治关联的企业发布 CSR 报告的可能性更大。

H_{3b}：在发布 CSR 报告的前提下，相比其他情形，存在两层政治关联的企业的 CSR 报告质量更低。

第四节　调节效应研究假设

制度环境囊括了企业所在地区的政治、经济、文化以及社会等多个层面的因素。王小鲁等学者建议从政府与市场的关系、非国有经济的发展程度、产品市场的发育程度、要素市场的发育程度、市场中介组织的发育程度和法律制度环境等方面来考察一个地区的制度环境（王小鲁等，2017）。那么，企业所在地区的制度环境如何调节政治关联对企业社会责任的作用呢？

本研究认为，企业所在地区的制度环境会直接影响企业的资源约束程度，进而显著制约政治关联与企业承担社会责任的关系。发达的制度环境往往伴随着发达的产品市场和要素市场、成熟的市场中介组织、完善的法律环境等（Luo 和 Tung，2007；王小鲁等，2017）。产品市场和要素市场越发达，企业越可以有效地通过市场渠道、供应链等方式来销售产品，拓展市场以及获得生产要素，政治关联的战略价值在此种背景会被明显弱化（夏立军等，2012）。成熟的市场中介组织会积极扩散和传播市场信息，进而能够帮助企业接触到更多的潜在客户和资源提供者。完善的法律环境也有助于企业通过契约等市场机制来开展商业活动（董静等，2017）。总而言之，制度环境越发达，企业面临的资源约束会越来越低，特别是对政府的依赖程度会逐渐下降。因此，相比于制度环境较发达地区的企业，那些制度环境落后地区的企业更需要通过承担社会责任来管理对政府的资源依赖关系。基于此，本研究提出如下假设。

H_{4a}：制度环境越落后，中央政治关联与 CSR 报告发布的正向关系越强。

H_{4b}：制度环境越落后，中央政治关联与 CSR 报告质量的正向关系越强。

落后地区的制度环境强化了企业对政府的资源依赖关系，从而能够进一步提升中央政治关联对企业承担社会责任的促进作用。与此相反，制度环境越落后，地方政治关联对企业承担社会责任的抑制作用越明显。地方政治关联会阻碍企业承担社会责任，主要是由地方政府的态度和企业的意愿共同造成的。承担社会责任需要企业购买资本设备、配置相应的人力资源，还需要企业对现有的组织结构和业务流程进行调整，正是这些显著的成本支出降低了企业承担社会责任的意愿（McWilliams 和 Siegel，2001；Dowell 和 Muthulingam，2017）。企业如果此时还面临显著的资源约束，那么承担社会责任的意愿就会进一步降低（Marquis 和 Qian，2014）。根据前文的阐述，落后的制度环境会显著提高企业的资源约束程度，也就会进一步弱化企业承担社会责任的可能性及程度。因此，如果企业能够利用地方政治关联的缓冲功能，规避因不承担社会责任而可能招致的潜在政治风险（Hillman，2005；Lester 等，2008），那么落后的制度环境所导致的资源约束就会进一步弱化企业关注社会问题的可能性及程度。基于此，本研究提出如下假设。

H_{5a}：制度环境越落后，地方政治关联与 CSR 报告发布的负向关系越强。

H_{5b}：制度环境越落后，地方政治关联与 CSR 报告质量的负向关系越强。

企业所处地区的制度环境能够显著调节不同层次政治关联对企业社会责任的影响，制度环境越落后，中央政治关联对绑定功能的激发程度越明显，地方政治关联对缓冲功能的激发程度越明显。那么，制度环境又如何调节两层政治关联与企业社会责任的关系呢？根据前文的论述，存在两层政治关联的企业会采取解耦策略来应对相互冲突的行为逻辑，即一方面积极地发布 CSR 报告，另一方面又降低对企业社会责任的资源投入（Bromley 和 Powell，2012；Marquis 和 Qian，2014）。

本研究认为，落后的制度环境所带来的资源约束会导致企业采取解耦策略。具体而言，在落后的制度环境下，企业会面临强烈的资源约束，因此更需要通过中央政治关联来获取资源（Bansal 和 Kistruck，2006；Luo 和 Tung，2007）。但也正是因为显著的资源约束，企业也更有动机去利用地方政治关联的缓冲功能来规避不承担社会责任而引发的政治风险，进一步降低承担社会责任的资源投入（Lester 等，2008；Marquis 和 Qian，2014）。基于此，本研究提出以下假设。

H_{6a}：制度环境越落后，两层政治关联与 CSR 报告发布的正向关系越强。

H_{6b}：制度环境越落后，两层政治关联与 CSR 报告质量的负向关系越强。

综上所述，本研究的理论模型如图 3-3 所示。其中，下标符号带有 "a" 的假设都和 CSR 报告发布有关，下标符号带有 "b" 的假设都和 CSR

报告质量有关。

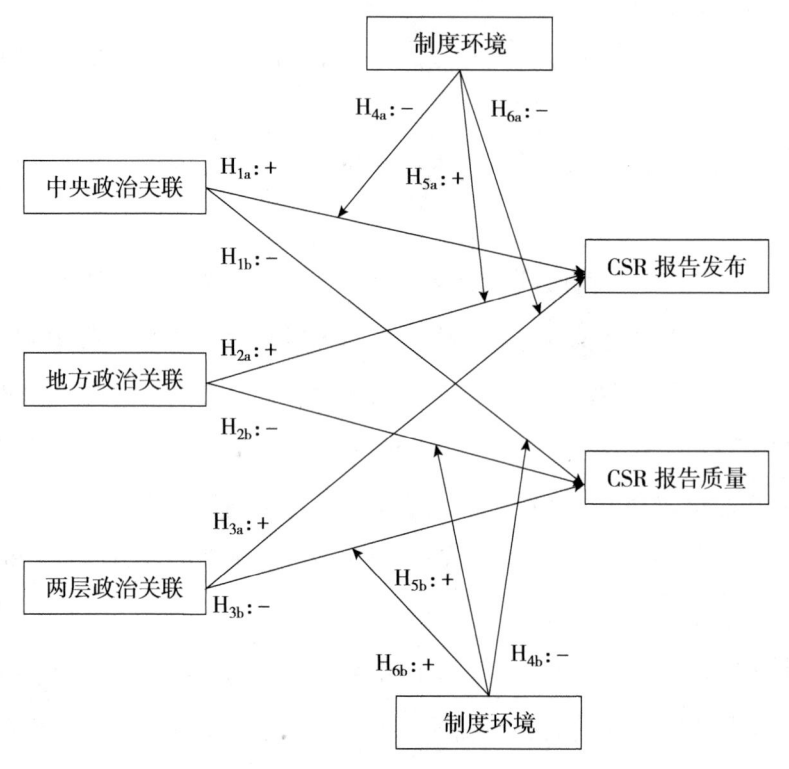

图 3-3 本研究的理论模型

第五节 本章小结

本章阐述了研究的主要内容及逻辑模型，主要内容包括三个部分。

首先，本章考察了不同层次政治关联对企业承担社会责任的差异化影响。中央政府和地方政府对企业承担社会责任的需求存在差异，正是这种政府内部需求异质性激发了不同层次政治关联的不同功能，最终形成不同层次政治关联对企业承担社会责任的差异化影响。

其次，本章探究了两层政治关联对企业承担社会责任解耦策略的触发。在企业承担社会责任情境下，中央政治关联和地方政治关联的功能作用刚好相反，进而引发两层政治关联企业行为逻辑的矛盾，最终促使企业采取解耦策略。

最后，本章分析了地区制度环境对不同类型政治关联和社会责任关系的调节作用。中国不同地区在制度环境方面还存在显著差异，落后的制度环境会强化企业的资源约束，不论政治关联发挥的是何种功能，这种功能在落后的制度环境下都会被进一步强化。

表3-1对本章提出的所有研究假设进行了汇总。

表3-1　　　　　　　　　研究假设汇总

假设	内容
H_{1a}	相比不存在中央政治关联的企业，存在中央政治关联的企业发布CSR报告的可能性更大
H_{1b}	在发布CSR报告的前提下，相比不存在中央政治关联的企业，存在中央政治关联的企业的CSR报告质量更高
H_{2a}	相比不存在地方政治关联的企业，存在地方政治关联的企业发布CSR报告的可能性更小
H_{2b}	在发布CSR报告的前提下，相比不存在地方政治关联的企业，存在地方政治关联的企业的CSR报告质量更低
H_{3a}	相比其他情形，存在两层政治关联的企业发布CSR报告的可能性更大
H_{3b}	在发布CSR报告的前提下，相比其他情形，存在两层政治关联的企业的CSR报告质量更低
H_{4a}	制度环境越落后，中央政治关联与CSR报告发布的正向关系越强
H_{4b}	制度环境越落后，中央政治关联与CSR报告质量的正向关系越强
H_{5a}	制度环境越落后，地方政治关联与CSR报告发布的负向关系越强
H_{5b}	制度环境越落后，地方政治关联与CSR报告质量的负向关系越强
H_{6a}	制度环境越落后，两层政治关联与CSR报告发布的正向关系越强
H_{6b}	制度环境越落后，两层政治关联与CSR报告质量的负向关系越强

第四章 研究设计

第一节 样本来源

本研究选取的样本为沪深两市 2008—2016 年全部上市企业，数据来源包括 Wind 数据库、国泰安数据库和润灵环球数据库，其中财务数据主要来源于 Wind 数据库，政治关联相关的背景资料来自国泰安数据库的高管个人资料数据库，而 CSR 报告质量评级则来自润灵环球 CSR 评级报告。本研究的样本选择以 2008 年作为起点，是因为国务院国有资产监督管理委员会在 2007 年年底才颁布《关于中央企业履行社会责任的指导意见》，从 2008 年和 2009 年开始，上市企业才陆续发布 CSR 报告。另外，润灵环球作为社会责任评估的独立第三方机构，每年都会发布有关上市企业社会责任的评估报告。本研究选择 2016 年作为样本观察期的终点。

本研究从两个维度对企业社会责任进行考察：CSR 报告发布和 CSR 报告质量。为便于区分，本研究将考察政治关联与 CSR 报告发布关系的样本命名为 SampleIssue，将考察政治关联与 CSR 报告质量关系的样本命名为 SampleQuality，样本 SampleQuality 为样本 SampleIssue 的子集。其中 SampleIssue 初始样本为 2008—2016 年所有上市企业，SampleQuality 初始样本为 SampleIssue 样本中发布 CSR 报告的企业。将初始样本剔除缺失值、异常值（1%缩尾处理）之后所获得的非平衡面板数据，用于最终的实证分析。

第二节 变量测量

（一）自变量

参照毛新述、李诗田以及张祥建等学者的研究，本研究主要关注董事长和CEO这两个关键职位上的高管是否曾任或者为现任政府官员、人大代表或者政协委员（毛新述和周小伟，2015；李诗田和邱伟年，2015；张祥建、郭丽虹、徐龙炳，2015）。如果董事长和CEO为现任政府官员、人大代表或者政协委员，或者此前曾担任过此类职位，则表明企业存在政治关联（Political Connection，PC）。根据本研究的需求，将这种政治关联按照层次分为国家级、省级、市级、（区）县级及乡级五个层次（政协只有前四个层级）（李健等，2012；曾萍和邓腾智，2012；蔡庆丰等，2017）。

如果政治关联发生在国家级层面上，即存在中央政治关联（CentralLevel），将CentralLevel赋值为1，否则CentralLevel=0。如果政治关联发生在省级、市级、（区）县级以及乡级等层面上，即存在地方政治关联（LocalLevel），将LocalLevel赋值为1，否则LocalLevel=0。如果企业同时存在两层政治关联，例如董事长为全国人大代表，而CEO为地方政协委员，即企业存在两层政治关联（BothLevel），将BothLevel赋值为1，否则BothLevel=0。

根据上述界定，CentralLevel、LocalLevel和BothLevel这三个变量在数值方面的关系为：

$$BothLevel = CentralLevel \times LocalLevel$$

或者可以将BothLevel看作CentralLevel和LocalLevel的交互项，但为了强调不同类型政治关联之间的对比关系，本研究将"两层政治关联"作为自变量处理。

（二）因变量

本研究之所以需要从两个方面来考察企业的社会责任，是因为已有研究表明，企业在承担社会责任时很有可能采取解耦策略，因此对企业承担社会责任的观察不能仅仅停留在"是否发布报告"的形式上，还应该深究企业是否投入了大量的资源去实施相关政策方案。

参照Marquis和Qian（2014）以及Luo等（2017）的研究设计，本研究将CSR报告发布（ReportIssue）设置为虚拟变量，如果上市企业在观察年度发布了CSR报告，将ReportIssue赋值为1，否则ReportIssue=0。CSR报告质量（ReportQuality）用润灵环球的评分来衡量，范围为0~100，分值越高说明CSR报告质量越高，即企业在承担社会责任时的资源投入越大。

（三）调节变量

本研究在考察不同类型政治关联和企业社会责任的关系的基础上，基于资源依赖理论和权变理论的视角，引入了企业所在地区的制度环境（Institutions）作为调节变量，进一步分析制度环境对政治关联和企业承担社会责任的关系的制约作用。

在经济转型过程中，不同地区因为资源禀赋、历史文化条件及政策倾斜等多种原因，在经济、文化等发展水平上出现了不平衡的现象。例如，因为改革开放后的出口贸易政策，东部地区比中西部地区更为发达。不同地区的经济、文化等发展水平不平衡，意味着企业所面临的制度环境也存在差异。研究表明，地区的制度环境会影响企业的多种战略行为，如国际化、并购及创新等（Luo和Tung，2007；王砚羽等，2014；

宋铁波等，2016；吴一平和李鲁，2017）。为此，本研究在考察制度环境的影响作用时，通过企业所在地区的市场化程度来操作化地区制度环境的发达程度。根据王小鲁等学者撰写的《中国分省份市场化指数报告（2016）》，市场化总指数包括政府与市场的关系、非国有经济的发展程度、产品市场的发育程度、要素市场的发育程度、市场中介组织的发育程度和法律制度环境等方面，市场化总指数越高，说明企业所在地区的制度环境越发达。

（四）控制变量

1. 企业规模（FirmAsset）

企业规模能够在一定程度上衡量企业的资源能力。企业社会责任作为一种资源消耗型的战略，很大程度上受制于企业的资源条件（McWilliams 和 Siegel，2001）。因此，本研究中的企业规模用企业的总资产规模来衡量，并遵循通行的做法，对总资产规模进行对数化处理。

2. 企业绩效（ROA）

企业绩效体现的是企业的价值创造能力，如果企业拥有较高的价值创造能力，那么企业当前的市场战略竞争优势明显，因此不太可能推进企业社会责任这类的非市场战略（Marquis 和 Qian，2014）。但另一方面，企业的价值创造能力强也意味着企业拥有足够的冗余资源进行各种尝试，如推进企业社会责任这类的非市场战略，进而和市场战略形成优势互补（Mellahi 等，2016）。因此，企业绩效很可能对企业承担社会责任产生重要影响。本研究用年度总资产报酬率（ROA）来测量企业绩效。

3. 组织冗余（OrgSlack）

组织冗余的存在意味着企业实际拥有的资源数量超出了日常经营活动的需要（Bourgeois，1981）。研究表明，组织冗余能够影响企业的多种战略选择，如技术创新、政治活动及慈善捐赠等（Schuler 和 Rehbein，

1997；Hillman 等，2004；李晓翔和刘春林，2013）。组织冗余的存在使企业对失败的容忍度上升，企业有可能进行更多的实验性、探索性的战略活动。承担企业社会责任作为企业在市场战略之外的潜在战略选择，在企业存在冗余资源的情况下更有可能被采纳。本研究使用资产负债率来测量企业的资源冗余程度。

4. 企业年龄（FirmAge）

制度理论表明，企业的生存和发展离不开外部利益相关者的认可和支持（Suchman，1995）。但新创企业往往在商业模式、资源禀赋和组织结构方面并不完全与成熟企业同构，因而会面临政治合法性欠缺的问题。承担企业社会责任能够提高企业在外部利益相关者心目中的政治合法性，因此企业年龄是影响企业承担社会责任的重要因素。本研究用企业成立以来的年限来衡量企业年龄。

5. 产权性质（StateOwned）

虽然中国的市场化转型已经持续多年，但国有经济和私营经济仍然普遍存在。相比私营企业，国有企业的目标并非总是追求利润最大化，很多时候还要达成社会效益（Guthrie 和 McQuarrie，2008）。因此，国有企业更有可能承担企业社会责任。本研究通过设置虚拟变量来表征企业是否为国有企业，是则赋值为 1，否则赋值为 0。

6. 强制发布（RequiredIssue）

企业 CSR 报告发布整体上属于自愿发布的性质，但是诸如证监会、交易所等监管机构对一些特殊类型的企业要求强制发布，如计入上市企业治理板块的企业，深证 100 指数成份股、金融类公司以及同时在境内外上市的企业（冯丽艳等，2016）。本研究通过虚拟变量来表示企业是否属于强制发布的类型，是则赋值为 1，否则赋值为 0。

7. 境外股东持股（QFIIShares）

企业承担社会责任作为一种行为规范，在欧美等地区的发达国家已经成为大多数企业的选择，如大多数美国上市企业会发布 CSR 报告。研究表明，规范性的商业实践存在跨境传播的现象，其中境外持股、跨国经营活动成为这种传播的重要途径。因此，存在境外股东的企业更有可能承担社会责任，并且这种可能性会随着境外股东持股比例的提高而不断增大。本研究通过持股比例来衡量境外股东的影响。

8. **境外上市**（CrossIPO）

除了境外持股、跨国经营等方式，境外上市也是一种重要的传播机制（Marano 等，2017）。境外上市意味着企业面临新的外部利益相关者，如所上市国家的投资者、监管部门以及交易所本身，这些外部利益相关者会对企业提出额外的信息披露要求。因为发达国家在企业行为对社会和环境的影响方面的信息披露要求往往更加严格（Siegel，2009），所以境外上市增大了企业承担社会责任的可能性。本研究通过虚拟变量来表示企业是否在境外上市，是则赋值为 1，否则赋值为 0。

9. **上市地点**（Exchange）

中国境内的股票交易所有上海证券交易所、深圳证券交易所等，各交易所对上市企业发布 CSR 报告的要求存在差异（Luo 等，2017）。为此，本研究通过虚拟变量来表示企业上市地点的影响，企业在上海证券交易所上市则赋值为 1，企业在深圳证券交易所上市则赋值为 0。

10. **广告强度**（Advertisement）

关于企业承担社会责任的成本收益分析框架表明，企业是否承担社会责任很大程度上取决于企业为此付出的成本和获得的收益（McWilliams 和 Siegel，2001）。其中，产品的广告强度是影响收益的重要因素，因为高广告密度的产品意味着消费者和企业之间的信息不对称程度更大，此时企业承担社会责任对消费者的影响更加明显。因此，广告密度会对企业承担社会责任带来影响。本研究用年度广告支出占销售收入之比来衡量广告密度的影响。

11. 环境特征

战略领域的众多研究成果表明，外部环境是影响企业战略选择和行为的重要因素。企业社会责任作为典型的非市场战略，有可能受到企业所处任务环境的影响。Dess 和 Beard 在其经典研究 *Dimensions of Organizational Task Environments* 中将企业的任务环境分成动态性、包容性、复杂性三个维度（Dess 和 Beard，1984）。环境动态性（Dynamics）表示企业外部环境的稳定程度，通常用过去 5 年行业增长率的变异系数来衡量；环境包容性（Munificence）衡量企业所在行业的资源约束和成长机会，通常用过去 5 年行业收入的复合增长率来表示；环境复杂性（Complexity）刻画的是行业环境中各种要素的数量及其异质性程度，通常用过去 5 年行业收入对时间的回归系数除以行业收入的均值来衡量。

12. 规范性压力

组织场域是影响企业行为的重要外部因素，大部分研究的基本假设是场域内部的组织实践会逐渐成为一种规范，进而对组织内其他未采纳此类规范的个体产生合法性压力（Chiu 和 Sharfman，2011）。在经营活动中，一个企业所在行业和所嵌入的地区是两个重要的组织场域。因此，这两个组织场域中其他企业对于承担社会责任的态度会对这个企业是否承担社会责任产生重要的影响。为了衡量行业和地区的影响，本研究分别用本行业和本地区所有企业中发布 CSR 报告的比例来刻画企业面临的合法性压力，并分别将之命名为 Legitimacy1 和 Legitimacy2。

本研究涉及的所有变量信息如表 4-1 所示。

表 4-1　　　　　　　　　　变量信息

类型	名称	代码	具体内容
因变量	CSR 报告发布	ReportIssue	虚拟变量，1 表示上市企业在观察年度发布了 CSR 报告，0 代表未发布 CSR 报告

续表

类型	名称	代码	具体内容
因变量	CSR报告质量	ReportQuality	在发布CSR报告的前提下,所发布报告获得的润灵环球评分
自变量	中央政治关联	CentralLevel	存在中央政治关联则赋值为1,否则赋值为0
自变量	地方政治关联	LocalLevel	存在地方政治关联则赋值为1,否则赋值为0
自变量	两层政治关联	BothLevel	同时存在中央政治关联和地方政治关联则赋值为1,否则赋值为0
调节变量	制度环境	Institutions	企业所在地区的市场化程度
控制变量	企业规模	FirmAsset	企业总资产规模,对数化处理
控制变量	企业绩效	ROA	年度总资产报酬率
控制变量	组织冗余	OrgSlack	资产负债率
控制变量	企业年龄	FirmAge	企业成立以来的年限
控制变量	产权性质	StateOwned	企业是国有企业则赋值为1,否则赋值为0
控制变量	强制发布	RequiredIssue	企业属于强制发布的类型则赋值为1,否则赋值为0
控制变量	境外股东持股	QFIIShares	持股比例
控制变量	境外上市	CrossIPO	企业是否在境外上市,是则赋值为1,否则赋值为0
控制变量	上市地点	Exchange	企业在上海证券交易所上市则赋值为1,企业在深圳证券交易所上市则赋值为0
控制变量	广告强度	Advertisement	年度广告支出占销售收入之比
控制变量	环境动态性	Dynamics	过去5年行业增长率的变异系数
控制变量	环境包容性	Munificence	过去5年行业收入的复合增长率
控制变量	环境复杂性	Complexity	过去5年行业收入对时间的回归系数除以行业收入的均值
控制变量	行业合法性压力	Legitimacy1	本行业所有企业中发布CSR报告的企业的比例
控制变量	地区合法性压力	Legitimacy2	本地区所有企业中发布CSR报告的企业的比例
控制变量	年份/行业	Year/Sector	表示行业和年份的虚拟变量,行业分类标准参照证监会2012年的分类标准

第三节 模型设定

为检验假设 H_{1a}、H_{2a}、H_{3a}，即不同类型的政治关联和 CSR 报告发布的关系，本研究构建了下面的模型（模型 1）。

$ReportIssue_{t+1} = \alpha_0 + \alpha_1 CentralLevel_t + \alpha_2 LocalLevel_t + \alpha_3 BothLevel_t +$
$\quad \beta_0 RequiredIssue_t + \beta_1 Institutions_t + \beta_2 FirmAsset_t + \beta_3 ROA_t +$
$\quad \beta_4 OrgSlack_t + \beta_5 FirmAge_t + \beta_6 StateOwned_t + \beta_7 QFIIShares_t +$
$\quad \beta_8 CrossIPO_t + \beta_9 Exchange_t + \beta_{10} Advertisement_t +$
$\quad \beta_{11} Dynamics_t + \beta_{12} Munificence_t + \beta_{13} Complexity_t +$
$\quad \beta_{14} Legitimacy1_t + \beta_{15} Legitimacy2_t + \varepsilon$

为检验假设 H_{1b}、H_{2b}、H_{3b}，即不同类型的政治关联和 CSR 报告质量的关系，本研究构建了下面的模型（模型 2）。

$ReportQuality_{t+1} = \alpha_0 + \alpha_1 CentralLevel_t + \alpha_2 LocalLevel_t + \alpha_3 BothLevel_t +$
$\quad \beta_1 Institutions_t + \beta_2 FirmAsset_t + \beta_3 ROA_t + \beta_4 OrgSlack_t +$
$\quad \beta_5 FirmAge_t + \beta_6 StateOwned_t + \beta_7 QFIIShares_t + \beta_8 CrossIPO_t +$
$\quad \beta_9 Exchange_t + \beta_{10} Advertisement_t + \beta_{11} Dynamics_t +$
$\quad \beta_{12} Munificence_t + \beta_{13} Complexity_t + \beta_{14} Legitimacy1_t +$
$\quad \beta_{15} Legitimacy2_t + \varepsilon$

为检验假设 H_{4a}、H_{5a}、H_{6a}，即制度环境对政治关联和 CSR 报告发布关系的调节作用，本研究构建了下面的模型（模型 3）。

$ReportIssue_{t+1} = \alpha_0 + \alpha_1 CentralLevel_t + \alpha_2 LocalLevel_t + \alpha_3 BothLevel_t +$
$\quad \alpha_4 CentralLevel_t \times Institutions_t + \alpha_5 LocalLevel_t \times Institutions_t +$
$\quad \alpha_6 BothLevel_t \times Institutions_t + \beta_0 RequiredIssue_t +$
$\quad \beta_1 Institutions_t + \beta_2 FirmAsset_t + \beta_3 ROA_t + \beta_4 OrgSlack_t +$

β_5 FirmAge$_t$+β_6 StateOwned$_t$+β_7 QFIIShares$_t$+β_8 CrossIPO$_t$+

β_9 Exchange$_t$+β_{10} Advertisement$_t$+β_{11} Dynamics$_t$+

β_{12} Munificence$_t$+β_{13} Complexity$_t$+β_{14} Legitimacy1$_t$+

β_{15} Legitimacy2$_t$+ε

为检验假设 H_{4b}、H_{5b}、H_{6b}，即制度环境对政治关联和 CSR 报告质量关系的调节作用，本研究构建了下面的模型（模型 4）。

ReportQuality$_{t+1}$=α_0+α_1 CentralLevel$_t$+α_2 LocalLevel$_t$+α_3 BothLevel$_t$+

α_4 CentralLevel$_t$×Institutions$_t$+α_5 LocalLevel$_t$×Institutions$_t$+

α_6 BothLevel$_t$×Institutions$_t$+β_1 Institutions$_t$+β_2 FirmAsset$_t$+

β_3 ROA$_t$+β_4 OrgSlack$_t$+β_5 FirmAge$_t$+β_6 StateOwned$_t$+

β_7 QFIIShares$_t$+β_8 CrossIPO$_t$+β_9 Exchange$_t$+

β_{10} Advertisement$_t$+β_{11} Dynamics$_t$+β_{12} Munificence$_t$

β_{13} Complexity$_t$+β_{14} Legitimacy1$_t$+β_{15} Legitimacy2$_t$+ε

第四节 本章小结

本章主要介绍研究设计相关的主要问题。首先，本章介绍的是样本来源和选择过程。具体说来，本研究的财务数据来源于 Wind 数据库，高管个人特征数据来自国泰安数据库，CSR 报告信息运用的是润灵环球关于上市企业的评级报告。其次，本章详细介绍了自变量政治关联、因变量 CSR 报告发布和 CSR 报告质量，以及调节变量制度环境的测量方法。再次，本章对模型中包括的控制变量及其对 CSR 行为的作用逻辑作了一一说明。最后，本章基于第三章的研究假设，给出了与假设对应的研究模型，用于第五章的实证检验和实证分析。

第五章 实证分析及结果

第一节 描述统计

本研究的因变量有两个，分别是 CSR 报告发布（ReportIssue）和 CSR 报告质量（ReportQuality），由此存在两个不同的样本，我们将其分别命名为 SampleIssue 和 SampleQuality。SampleIssue 样本与 CSR 报告发布相关，SampleQuality 样本则用于验证政治关联与 CSR 报告质量的关系。表 5-1a、表 5-1b 分别给出了两个样本的描述统计结果，包括主要变量的均值、标准差及相关系数。

根据表 5-1a 样本描述统计（SampleIssue）可知，因变量"CSR 报告发布（ReportIssue）"的均值为 0.2428，因为 ReportIssue 是取值只能是 0 或者 1 的虚拟变量，所以从均值可以看出，样本中大约只有四分之一的上市企业承担了社会责任，剩余的上市企业尚未承担社会责任。自变量中央政治关联（CentralLevel）的均值为 0.1048、地方政治关联（LocalLevel）的均值为 0.3147、两层政治关联（BothLevel）的均值为 0.0710。因为所有的自变量都是虚拟变量，所以从变量的均值可以得知，10% 左右的上市企业存在中央政治关联，而存在地方政治关联的企业占比高达 31.47%。然而，相比前两种政治关联，存在两层政治关联的企业更少，样本企业中此类企业的比例只有7%左右。

表 5-1a 的相关系数还表明，中央政治关联（CentralLevel）和 CSR 报告发布（ReportIssue）的相关系数显著正相关（$\beta=0.1648$, $p < 0.05$）。两层政治关联（BothLevel）和 CSR 报告发布（ReportIssue）的相关系数也显著正相关（$\beta=0.1373$, $p < 0.05$）。地方政治关联（LocalLevel）和 CSR 报告发布（ReportIssue）的相关系数不显著（$\beta=0.0119$, $p > 0.5$）。根据本研究的研究假设，相关系数的结果为本研究的假设 1a、假设 3b 提供了初步的证据支持。另外，在主要的控制变量方面，企业规模（FirmAsset）、企业年龄（FirmAge）、产权性质（StateOwned）、境外股东持股（QFIIShares）、境外上市（CrossIPO）能够显著地正向影响 CSR 报告发布。同时，来自行业合法性压力（$\beta=0.2249$, $p < 0.05$）和地区合法性压力（$\beta=0.2688$, $p < 0.05$），也积极促进企业承担社会责任。

在表 5-1b 样本描述统计（SampleQuality）中，因变量"CSR 报告质量（ReportQuality）"的均值为 39.7316、标准差为 11.7064，表明大多数样本企业的 CSR 报告评级得分在 16.3188~63.1444（均值 ±2 个标准差）。整体样本企业的 CSR 报告评级的得分只有 40 左右，并且大多数企业的得分都在 60 以下，可以推断上市企业在承担社会责任时，更多的还是停留在形式层面上，并未进行实质性的资源投入。自变量中央政治关联（CentralLevel）的均值为 0.1790、地方政治关联（LocalLevel）的均值为 0.4663、两层政治关联（BothLevel）的均值为 0.1616。换言之，18%左右的上市企业存在中央层面的政治关联，而存在地方政治关联的上市企业占比 50%左右。并且，存在两层政治关联的企业也明显增加，样本企业中此类企业的比例高达 16%。相关系数方面，中央政治关联（CentralLevel）和 CSR 报告质量（ReportQuality）的相关系数显著正相关（$\beta=0.1607$, $p < 0.05$），符合假设 H_{1b} 的预期，因此能够从中央层面初步佐证假设 H_{1b} 的逻辑。另外的两个自变量，地方政治关联（LocalLevel）、两层政治关联（BothLevel）与

表 5-1a 样本描述统计（SampleIssue）

序号	变量	均值	标准差	1	2	3	4	5	6	7	8	9	10
1	ReportIssue	0.2428	0.4288	1									
2	CentralLevel	0.1048	0.3063	0.1648*	1								
3	LocalLevel	0.3147	0.4644	0.0119	0.2674*	1							
4	BothLevel	0.0710	0.2569	0.1373*	0.8081*	0.4080*	1						
5	Institutions	7.4793	1.5156	-0.0239	0.0345*	-0.0314*	0.0222*	1					
6	RequiredIssue	0.1578	0.3646	0.6233*	0.1712*	0.0316*	0.1446*	0.0011	1				
7	FirmAsset	21.7693	1.4562	0.4621*	0.2305*	0.1120	0.1990*	0.0447*	0.4759*	1			
8	ROA	0.0407	0.6239	0.0113	0.0041	-0.0057	0.0029	0.0177	0.0086	0.0523*	1		
9	OrgSlack	0.5336	2.1914	-0.0023	-0.0013	0.0052	-0.0002	-0.0434*	0.0041	-0.1086*	-0.5259*	1	
10	FirmAge	16.0917	5.0897	0.0196*	0.009	0.0870*	0.0061	0.0862*	-0.0253*	0.0546*	-0.0041	0.0461*	1
11	StateOwned	0.4037	0.4907	0.2323*	0.0612*	0.0192*	0.0323*	-0.1816*	0.2260*	0.3143*	-0.0034	0.0158	0.0766*
12	QFIIShares	0.0016	0.0089	0.0781*	0.0562*	0.0245*	0.0544*	0.0168	0.1016*	0.1652*	0.0058	-0.001	0.0012
13	CrossIPO	0.0348	0.1834	0.2737*	0.1706*	0.0661*	0.1443*	0.0339*	0.3002*	0.4179*	-0.0018	0.0086	-0.0109
14	Exchange	0.4051	0.4909	0.2345*	0.1398*	0.1206*	0.1193*	-0.0896*	0.3408*	0.2909*	-0.0072	0.0233*	0.0764*
15	Advertisement	0.0055	0.0260	-0.0116	0.0147	-0.0135	0.0179	0.0412*	-0.0346*	-0.0087	0.0082	-0.0175*	0.0585*

第五章 实证分析及结果

续表

序号	变量	均值	标准差	1	2	3	4	5	6	7	8	9	10
16	Complexity	0.0252	0.0134	0.0277*	0.0025	-0.0353*	0.0093	-0.1419*	0.0238*	-0.0230*	0.0076	0.0173*	-0.1061*
17	Dynamics	0.7938	0.5657	0.0252*	-0.0304*	-0.0604*	-0.0231*	0.0401*	0.0218*	0.0589*	-0.0086	0.0208*	-0.0018
18	Munificence	0.1698	0.0545	0.0394*	0.0131	0.0207*	0.0193*	-0.1167*	0.0473*	0.0478*	0.0178*	0.0019	-0.0717*
19	Legitimacy1	0.2505	0.1090	0.2249*	0.1152*	0.0704*	0.1377*	-0.0290*	0.2269*	0.4334*	0.0032	0.0067	0.1016*
20	Legitimacy2	0.2551	0.1226	0.2688*	0.0577*	-0.0324*	0.0391*	0.0366*	0.1235*	0.1227*	0.0054	-0.0056	-0.0099

序号	变量	均值	标准差	11	12	13	14	15	16	17	18	19	20
11	StateOwned	0.4037	0.4907	1									
12	QFIIShares	0.0016	0.0089	-0.0094	1								
13	CrossIPO	0.0348	0.1834	0.1220*	0.0139	1							
14	Exchange	0.4051	0.4909	0.3255*	0.0399*	0.1522*	1						
15	Advertisement	0.0055	0.0260	-0.0674*	0.0230*	-0.0200*	-0.0152	1					
16	Complexity	0.0252	0.0134	0.0522*	-0.0298*	0.0190*	0.0126	-0.1399*	1				
17	Dynamics	0.7938	0.5657	0.0556*	-0.0347*	0.0312*	0.0129	-0.1101*	0.3466*	1			
18	Munificence	0.1698	0.0545	0.0406*	0.0321*	0.0318*	0.0232*	-0.0138	0.1418*	-0.4256*	1		
19	Legitimacy1	0.2505	0.1090	0.1034*	0.1907*	0.2353*	0.1664*	0.0112	0.0756*	0.1832*	-0.0027	1	
20	Legitimacy2	0.2551	0.1226	0.0945*	0.0394*	0.1009*	0.0673*	0.0003	-0.0114	0.0411*	-0.0365*	0.1057*	1

注：$N=13376$；*$p<0.05$。

67

表 5-1b　样本描述统计（SampleQuality）

序号	变量	均值	标准差	1	2	3	4	5	6	7	8	9
1	ReportQuality	39.7316	11.7064	1								
2	CentralLevel	0.1790	0.3835	0.1607*	1							
3	LocalLevel	0.4663	0.4989	-0.0104	0.4086*	1						
4	BothLevel	0.1616	0.3682	0.1033	0.9402*	0.4698*	1					
5	Institutions	7.3602	1.6091	0.2700*	-0.0273	0.0086	-0.009	1				
6	FirmAsset	22.9069	1.7032	0.5363*	0.2493*	0.1205*	0.2241*	0.1168*	1			
7	ROA	0.0561	0.1382	-0.0024	0.0067	-0.0158	0.0063	0.0463*	-0.1298*	1		
8	OrgSlack	0.5024	0.2138	0.2158*	0.0936*	0.1138*	0.0835*	0.0062	0.5826*	-0.2451*	1	
9	FirmAge	16.2990	5.1123	0.0658*	-0.0360*	0.0442*	-0.0300	0.1793*	0.0572*	0.0031	0.1473*	1
10	StateOwned	0.5953	0.4909	0.0375*	-0.0494*	-0.0913*	-0.0697*	-0.0872*	0.2038*	-0.0805*	0.1818*	-0.0639*
11	QFIIShares	0.0027	0.0135	0.1172*	0.0496*	0.0549*	0.0538*	0.0745*	0.2109*	-0.0048	0.1486*	0.0274
12	CrossIPO	0.1163	0.3206	0.3686*	0.1898*	0.1081*	0.1700*	0.0998*	0.5100*	-0.0450*	0.2145*	-0.0373*
13	Exchange	0.5872	0.4924	0.0696*	0.0639*	0.0332	0.0680*	0.0025	0.2789*	-0.0921*	0.2506*	-0.0600*
14	Advertisement	0.0054	0.0233	0.0173	-0.0242	-0.0449*	-0.0207	0.0205	-0.0606*	0.0292	-0.1119*	0.0673*
15	Complexity	0.0258	0.0135	-0.1233*	0.0099	-0.0259	0.0043	-0.2201*	-0.0144	-0.0061	-0.0361*	-0.1399*

第五章　实证分析及结果

续表

序号	变量	均值	标准差	1	2	3	4	5	6	7	8	9
16	Dynamics	0.8293	0.6831	0.0083	-0.0453	-0.0845*	-0.0536*	-0.0294	0.0892*	-0.0689	0.0510	0.0089
17	Munificence	0.1722	0.0548	-0.0371*	0.0523*	0.0648*	0.0428	-0.1182*	0.0851*	0.0204	0.0878*	-0.1306*
18	Legitimacy1	0.2953	0.1501	0.3173*	0.1274*	0.0886*	0.1400*	0.0118	0.5844*	-0.0697*	0.3254*	0.0502*
19	Legitimacy2	0.3103	0.1581	-0.0576*	-0.0445*	-0.0291	-0.0307	0.0085	-0.0490*	-0.0493*	0.0025	-0.0437*

序号	变量	均值	标准差	10	11	12	13	14	15	16	17	18
10	StateOwned	0.5953	0.4909	1								
11	QFIIShares	0.0027	0.0135	-0.0831*	1							
12	CrossIPO	0.1163	0.3206	0.1074*	-0.0153	1						
13	Exchange	0.5872	0.4924	0.3184*	0.0296	0.2411*	1					
14	Advertisement	0.0054	0.0233	-0.0405*	-0.0159	-0.0561*	-0.0318	1				
15	Complexity	0.0258	0.0135	0.0747*	-0.0647*	0.0151	-0.0021	-0.1583*	1			
16	Dynamics	0.8293	0.6831	0.0939*	-0.0423*	0.0588*	0.0362*	-0.1177*	0.3223*	1		
17	Munificence	0.1722	0.0548	0.0229	0.0522*	0.0349*	0.0052	-0.0218	0.1313*	-0.4608*	1	
18	Legitimacy1	0.2953	0.1501	0.0509*	0.2887*	0.2993*	0.1888*	-0.0470*	0.0362*	0.1571*	-0.0237	1
19	Legitimacy2	0.3103	0.1581	-0.0177	-0.0166	0.0385*	-0.0029	-0.0115	-0.0225	0.028	-0.0838*	0.0356*

注：$N=3217$；$^{*}p < 0.05$。

CSR 报告质量（ReportQuality）的相关系数不显著。控制变量方面，企业规模（FirmAsset）和组织冗余（OrgSlack）对 CSR 报告质量（ReportQuality）的影响显著，说明资源能力是企业是否开展实质性活动的重要制约因素。相比民营企业，国有企业更有可能承担社会责任（β=0.0375，$p < 0.05$），说明国有企业的政策性角色仍然明显，即不仅需要追求经济利润，还需要积极承担政府期望的社会功能。

第二节 实证分析

一、研究方法

（一）模型选择

相比横截面类型的数据和时间序列数据，面板数据同时具备截面和时间两个维度，其中任何一个维度的变化都会引发观测值的变动。因此，面板数据不仅能够增加样本的数量，还能够提高数据的信息含量。另外，面板数据还有一个重要的特性，就是能够在一定程度上克服模型设定中遗漏变量的问题，从而可以克服部分因为变量遗漏而引发的内生性问题（Wooldridge，2010）。然而，面板数据虽然存在诸多优势，但在数据分析时所需要的技术也更为复杂。具体来说，面板数据在进行具体的分析之前要解决模型选择的问题，即到底是运用混合效应模型、固定效应模型还是随机效应模型对样本进行回归分析（闫永琴，2009；陈强，2014）。混合效应假设自变量对因变量的影响与个体无关，分析手段和横截面数据完全相同。固定效应和随机效应则假设自变量对因变量的影响与个体的某些特征有关，这两个模型的区别在于影响因变量的个体效应是否和解释变量相关，固定效应模型认为两者相关，但随机效应模型认为两者不相关。

现有研究主要通过 Breusch 和 Pagan 的 LM（Lagrange Multiplier）检验方法，来测试是否存在个体效应，在 Stata 软件中对应的命令是 xttest0（Breusch 和 Pagan，1980；闫永琴，2009）。原假设为"$H_0: \sigma_u^2 = 0$"，即假设模型不存在个体效应，如果不能拒绝 H_0，说明不存在影响解释变量的个体效应，可以使用混合效应模型。如果拒绝 H_0，说明存在个体效应，即不能使用混合效应模型进行回归。在存在个体效应的前提下，需要进一步的检验来决定选用固定效应模型还是选用随机效应模型。实证研究中使用较为广泛的方法是 Hausman 检验，如果 Hausman 检验结果的显著性水平小于 0.05，则说明固定效应成立，应该选用固定效应模型；反之，则应该选择随机效应模型（Hausman，1978；Howard 等，2016）。本研究所有分析都在 Stata 13 软件平台上进行，基于 SampleIssue 样本的 LM 检验结果为：χ^2=1.4e−05，p=0.493，测试结果不显著，即不存在影响 CSR 报告发布的个体效应，因而选择混合效应模型进行回归。遵循同样的思路，对 SampleQuality 样本进行 LM 检验，结果显示 χ^2=9.55e−02，p=0.162，测试结果也不显著，所以同样选择混合效应模型对政治关联和 CSR 报告质量的关系进行回归分析。

（二）样本选择偏差

本研究的因变量包括 CSR 报告发布（ReportIssue）和 CSR 报告质量（ReportQuality），考察 CSR 报告发布的 SampleIssue 样本包括观察期的所有上市企业，因而不存在样本选择偏差（Selection Bias）的问题。但是，在考察政治关联和 CSR 报告质量时，所基于的样本 SampleQuality 是 SampleIssue 的子集，即 SampleQuality 只包含了 SampleIssue 中那些发布 CSR 报告的企业，而没有发布 CSR 报告的企业则不会包括在内，从而存在潜在的样本选择问题。所谓样本选择偏差，是指因为某种原因使我们所选择的样本并不是随机的，不能代表想要研究的总体特征，进而导致所观察的关系其实只是在所选样本上成立，而在总体样本上并不存在（Heckman，2013；乔明哲等，2017）。本研究中很有可能存在某些企业层面的特征，如较高的企业声誉，同时影响企业的政治关联关系和社会责任。基于样本所发现的政治关联和 CSR 报告质量之间的关系，实际上是因为两者共同受到企业声誉的影响，而不是真实存在政治关联对 CSR 报告质量的影响作用。

实证研究中，解决样本选择偏差问题的经典方法是 Heckman 两阶段法（Heckman，2013）。首先，通过选择模型（也称第一阶段模型）来估计不同企业在观察年度发布 CSR 报告的概率，此部分样本刚好对应本研究的 SampleIssue。其次，根据第一阶段的回归结果，计算逆米尔斯比率（Inverse Mills Ratio，IMR），然后将 IMR 作为控制变量，加入第二阶段模型，即在考察政治关联和 CSR 报告质量时，需要将 IMR 作为控制变量加入模型中。如果 IMR 回归结果不显著，说明不存在样本选择的问题；相反，如果 IMR 回归结果显著，说明存在样本选择偏差，而采用 Heckman 方法刚好可以消除样本选择问题对回归结果的影响（刘圻和杨德伟，2012；Heckman，2013）。

表 5-2b、表 5-3b 的结果显示，在所有关于政治关联与 CSR 报告质量的模型中，IMR 回归结果都显著为正（$p < 0.01$）。因此，本研究用于验证政治关联与 CSR 报告质量的 SampleQuality 样本，确实存在样本选择问题，而通过 Heckman 两阶段法刚好可以消除此类影响。

（三）共线性问题

共线性是指在回归分析中，某些解释变量之间存在高度相关的关系，从而导致模型估计失真的情形。如果回归模型存在明显的共线性问题，直接的结果就是解释变量回归系数的方差会被放大，进而影响回归系数的显著性水平（Rothaermel 等，2006；Milanov 和 Shepherd，2013）。具体来说，如果解释变量之间的相关程度足够高，即使自变量和因变量之间并不存在假设的关系，也可能因为方差膨胀而满足给定的显著性水平。本研究的控制变量大多数是企业层面的财务数据，因而存在高度相关的可能，如企业年龄和企业规模很可能存在正相关关系，因为随着企业的成长，其规模自然会不断扩大。为此，我们参照 Rothaermel 等学者的做法，对所有解释变量进行了标准化处理（Rothaermel 等，2006），并在每次回归分析后，利用 Stata 提供的 VIF 命令，验证是否存在共线性问题。VIF 命令结果表明，在本研究的所有回归模型中，VIF 最大值为 6.29，所有模型的 VIF 平均值的最大值为 4.23，低于共线性临界值 10（Rothaermel 等，2006；王云等，2017）。因此，本研究的所有模型均不存在严重的共线性问题。

除此之外，面板数据因为较大的样本量，可能存在异方差问题，进而影响回归系数的显著性水平。本研究在进行回归分析时，通过选择 Stata 回归命令中的 Robust 参数，来解决潜在的异方差问题。因此，在本部分汇报的所有回归结果，系数标准差都是经过异方差调整后的标准差。

二、主效应的回归结果

本研究的两个因变量包括 CSR 报告发布和 CSR 报告质量，基于不同的因变量分别构建了 SampleIssue 和 SampleQuality 这两个样本，前者用于检验政治关联和 CSR 报告发布的关系，后者则用于检验政治关联和 CSR 报告质量的关系。为便于区分，本研究所有以 CSR 报告发布为因变量的假设都带有字母 a，所有以 CSR 报告质量为因变量的假设都带有字母 b。遵循同样的命名规则，本研究汇报的所有结果中，模型的命名和假设一一对应，如表 5-2a 中的模型 1a 对应的是假设 H_{1a}，即考察中央政治关联和

CSR 报告发布的关系。

根据假设 H_{1a} 和 H_{1b} 的预测，中央政治关联能够促进企业承担社会责任，即中央政治关联不但会增大企业发布 CSR 报告的可能性，而且还能促使企业进行实质性的资源投入，提高 CSR 报告质量。因为中央政治关联的存在不仅能够有效传递中央政府关于企业社会责任的预期，还使中央政治关联企业置于中央政府的高度监督之下，最终对企业社会责任产生积极影响。表 5-2a 中模型 1a 的中央政治关联（CentralLevel）的回归系数显著为正（β=0.0872，$p < 0.01$），表 5-2b 中模型 1b 的中央政治关联（CentralLevel）的回归系数显著为正（β=0.4541，$p < 0.05$），假设 H_{1a} 和 H_{1b} 全部得到支持。

根据假设 H_{2a} 和 H_{2b} 的预测，地方政治关联会阻碍企业承担社会责任，即存在地方政治关联的企业不仅发布 CSR 报告的可能性较小，并且即使发布了 CSR 报告，也往往因为未能进行实质性的资源投入，最终导致 CSR 报告质量较低。地方政府和中央政府在企业承担社会责任方面的需求存在差异，相对而言，地方政府对企业承担社会责任与否并不是十分重视。在此种背景下，存在地方政治关联的企业就会充分利用地方政治关联的缓冲功能，规避在承担社会责任时投入资源。表 5-2a 中模型 2a 的地方政治关联（LocalLevel）的回归系数显著为负（β=-0.1110，$p < 0.01$），表 5-2b 中模型 2b 的地方政治关联（LocalLevel）的回归系数显著为负（β=-0.5373，$p < 0.01$），假设 H_{2a} 和 H_{2b} 的预测得到验证。

相比前两种政治关联关系，两层政治关联（BothLevel）对企业承担社会责任的影响，既不是纯粹的促进作用，也不是完全的阻碍作用。存在两层政治关联的企业会采取复杂的解耦策略来应对企业社会责任。具体说来，因为中央政治关联和地方政治关联在企业承担社会责任情境下，分别发挥了绑定功能和缓冲功能，从而导致了不同层次政治关联对企业承担社会责任的差异化影响。如此，存在两层政治关联的企业就会产生相互矛盾的行为逻辑，H_{3a} 和 H_{3b} 的预测此种情形下的企业会采取解耦策略来应对，即积极地发布 CSR 报告，但又不会进行实质性的资源投入，进而降低 CSR 报告质量。表 5-2a 中模型 3a 的两层政治关联（BothLevel）的回归系数显著为正（$\beta=0.0747$，$p<0.01$），而表 5-2b 中模型 3b 的两层政治关联（BothLevel）的回归系数显著为负（$\beta=-0.4650$，$p<0.05$），两层政治关联和企业承担社会责任之间的复杂关系得到验证。

除此之外，表 5-2a 中全模型 1a 还展示了同时考察三种不同的政治关联和 CSR 报告发布的关系，结果表明中央政治关联、地方政治关联和两层政治关联都能对 CSR 报告发布行为产生显著的影响，并且作用方向与假设预期一致，全模型的回归结果再次佐证了研究假设的稳健性。表 5-2b 中全模型 1b 展示的是三种不同的政治关联和 CSR 报告质量的回归结果，结果显示中央政治关联、地方政治关联和两层政治关联对 CSR 报告质量的关系仍然全部成立。

表 5-2a　　主效应的回归分析结果（因变量 =CSR 报告发布）

变量	模型 0	模型 1a	模型 2a	模型 3a	全模型 1a
CentralLevel		0.0872*** (0.0278)			0.0817** (0.0320)
LocalLevel			−0.1110*** (0.0293)		−0.1511*** (0.0303)
BothLevel				0.0747*** (0.0229)	0.0637** (0.0263)
Institutions	0.2719*** (0.0521)	0.2646*** (0.0524)	0.2912*** (0.0526)	0.2667*** (0.0524)	0.2878*** (0.0533)
RequiredIssue	1.1847*** (0.0302)	1.1861*** (0.0303)	1.1794*** (0.0302)	1.1849*** (0.0303)	1.1786*** (0.0304)
FirmAsset	1.0831*** (0.0504)	1.0614*** (0.0507)	1.0947*** (0.0503)	1.0744*** (0.0505)	1.0713*** (0.0507)
ROA	0.1613** (0.0650)	0.1596** (0.0649)	0.1591** (0.0640)	0.1602** (0.0647)	0.1559** (0.0633)

续表

变量	模型 0	模型 1a	模型 2a	模型 3a	全模型 1a
OrgSlack	-1.9610*** (0.3438)	-1.9080*** (0.3432)	-1.8980*** (0.3424)	-1.9101*** (0.3430)	-1.7836*** (0.3399)
FirmAge	0.1652*** (0.0301)	0.1680*** (0.0300)	0.1724*** (0.0301)	0.1710*** (0.0300)	0.1818*** (0.0300)
StateOwned	0.1259*** (0.0320)	0.1300*** (0.0320)	0.1193*** (0.0319)	0.1280*** (0.0321)	0.1227*** (0.0320)
QFIIShares	-0.0480 (0.0363)	-0.0481 (0.0365)	-0.0496 (0.0356)	-0.0473 (0.0362)	-0.0495 (0.0353)
CrossIPO	0.2051*** (0.0395)	0.2045*** (0.0395)	0.2033*** (0.0395)	0.2040*** (0.0396)	0.2010*** (0.0395)
Exchange	-0.0493 (0.0325)	-0.0567* (0.0326)	-0.0378 (0.0329)	-0.0529 (0.0326)	-0.0437 (0.0330)
Advertisement	0.0355 (0.0220)	0.0358 (0.0222)	0.0338 (0.0217)	0.0351 (0.0222)	0.0334 (0.0218)
Complexity	0.0495 (0.0398)	0.0461 (0.0398)	0.0493 (0.0399)	0.0458 (0.0398)	0.0429 (0.0399)
Dynamics	-0.0721** (0.0342)	-0.0701** (0.0342)	-0.0761** (0.0344)	-0.0725** (0.0343)	-0.0756** (0.0344)
Munificence	0.0010 (0.0383)	0.0041 (0.0383)	-0.0010 (0.0385)	-0.0006 (0.0384)	0.0001 (0.0387)
Legitimacy1	0.1143** (0.0445)	0.1090** (0.0444)	0.1131** (0.0447)	0.1089** (0.0444)	0.1034** (0.0446)
Legitimacy2	0.7331*** (0.0272)	0.7315*** (0.0271)	0.7358*** (0.0274)	0.7332*** (0.0272)	0.7356*** (0.0275)
Constant	-1.5416*** (0.2101)	-1.5150*** (0.2093)	-1.5769*** (0.2126)	-1.5307*** (0.2095)	-1.5577*** (0.2119)
行业/年份	控制	控制	控制	控制	控制
Pseudo R2	0.4309	0.4316	0.4319	0.4317	0.4334

注：$N=13376$；Robust standard errors in parentheses；***$p < 0.01$，**$p < 0.05$，*$p < 0.1$（双侧检验）。

表 5-2b　　　　主效应的回归分析结果（因变量 =CSR 报告质量）

变量	模型 0	模型 1b	模型 2b	模型 3b	全模型 1b
CentralLevel		0.4541** (0.1963)			2.5141*** (0.2743)
LocalLevel			−0.5373*** (0.1729)		−1.4073*** (0.1915)
BothLevel				−0.4650** (0.1966)	−2.2147*** (0.2566)
IMR	1.0274*** (0.2168)	1.0540*** (0.2154)	0.9739*** (0.2181)	1.0306*** (0.2174)	1.0507*** (0.2166)
Institutions	1.0273*** (0.2634)	1.0477*** (0.2589)	1.0870*** (0.2668)	1.0043*** (0.2665)	1.1873*** (0.2640)
FirmAsset	6.4639*** (0.3204)	6.3374*** (0.3332)	6.4806*** (0.3193)	6.5450*** (0.3254)	6.1933*** (0.3346)
ROA	0.4435*** (0.1366)	0.4344*** (0.1384)	0.4363*** (0.1359)	0.4526*** (0.1349)	0.4178*** (0.1365)
OrgSlack	−0.5695*** (0.2145)	−0.5380** (0.2158)	−0.5575*** (0.2140)	−0.6072*** (0.2167)	−0.5429** (0.2153)
FirmAge	−0.2786 (0.1810)	−0.2541 (0.1814)	−0.2600 (0.1809)	−0.3124* (0.1801)	−0.2555 (0.1799)
StateOwned	0.0264 (0.1689)	0.0748 (0.1704)	−0.0426 (0.1715)	−0.0003 (0.1694)	−0.0141 (0.1684)
QFIIShares	−0.0213 (0.1666)	−0.0186 (0.1680)	−0.0210 (0.1647)	−0.0269 (0.1667)	−0.0323 (0.1660)
CrossIPO	1.3805*** (0.2648)	1.3389*** (0.2649)	1.4212*** (0.2653)	1.3972*** (0.2643)	1.3371*** (0.2603)
Exchange	−0.6490*** (0.1840)	−0.6495*** (0.1834)	−0.6566*** (0.1838)	−0.6275*** (0.1849)	−0.5697*** (0.1814)
Advertisement	−0.0313 (0.1380)	−0.0128 (0.1372)	−0.0594 (0.1364)	−0.0384 (0.1400)	−0.0361 (0.1344)
Complexity	−0.4539** (0.2182)	−0.4763** (0.2181)	−0.4411** (0.2183)	−0.4396** (0.2180)	−0.4756** (0.2152)

续表

变量	模型0	模型1b	模型2b	模型3b	全模型1b
Dynamics	−0.4258 （0.2740）	−0.4088 （0.2739）	−0.4429 （0.2724）	−0.4486 （0.2747）	−0.4850* （0.2783）
Munificence	−0.1690 （0.2084）	−0.1630 （0.2090）	−0.1652 （0.2070）	−0.1938 （0.2078）	−0.2439 （0.2060）
Legitimacy1	−0.4295 （0.2791）	−0.4185 （0.2810）	−0.4037 （0.2781）	−0.4167 （0.2775）	−0.2397 （0.2778）
Legitimacy2	−0.5644*** （0.1510）	−0.5429*** （0.1494）	−0.5720*** （0.1511）	−0.5688*** （0.1513）	−0.4864*** （0.1491）
Constant	36.6091*** （1.1297）	36.8142*** （1.1303）	36.4916*** （1.1326）	36.5607*** （1.1134）	37.2064*** （1.0663）
行业/年份	控制	控制	控制	控制	控制
R-squared	0.4105	0.4118	0.4123	0.4119	0.4290

注：$N=3217$；Robust standard errors in parentheses；$^{***}p<0.01$，$^{**}p<0.05$，$^{*}p<0.1$（双侧检验）。

三、调节效应的回归结果

表5-2a和表5-2b汇报了三种不同的政治关联（中央政治关联、地方政治关联和两层政治关联）对CSR报告发布、CSR报告质量的差异化影响。接下来的表5-3a和表5-3b汇报的是制度环境（Institutions）对不同类型政治关联和企业承担社会责任的调节作用，和前文的逻辑相同，汇报结果中的模型编号和假设编号一一对应。

H_{4a}和H_{4b}认为中央政治关联对企业承担社会责任的促进作用，在落后的制度环境下会更加明显，因为落后的制度环境会强化资源约束，导致企业更加依赖中央政府。相反，发达的制度环境明显降低企业的资源约束程度，对中央政府的依赖程度也会因此下降。所以，制度环境负向调节中央政治关联与企业承担社会责任的关系。表5-3a中模型4a的中央政治关联和制度环境的交互项系数（CentralLevel*Institutions）显著为负（$\beta=-0.2232$, $p < 0.01$），表 5-3b 中模型 4b 的中央政治关联和制度环境的交互项系数（CentralLevel*Institutions）显著为负（$\beta=-0.4816$, $p < 0.05$），说明制度环境负向调节中央政治关联与 CSR 报告发布、CSR 报告质量之间的正向关系，H_{4a} 和 H_{4b} 得到验证。

H_{5a} 和 H_{5b} 认为地方政治关联对企业承担社会责任的阻碍作用，在落后的制度环境下会进一步加剧，因为落后的制度环境引发的资源约束，会强化企业规避承担社会责任的意愿。相反，如果制度环境较为发达，那么企业所面临的资源约束就相对较轻，此时，企业利用地方政治关联的缓冲功能来规避社会责任的动机会明显下降。发达的制度环境会弱化地方政治关联的缓冲功能，所以制度环境能够正向调节地方政治关联与企业承担社会责任之间的负向关系。表 5-3a 中模型 5a 的地方政治关联和制度环境的交互项系数（LocalLevel*Institutions）显著为正（$\beta=0.0858$, $p < 0.01$），表 5-3b 中模型 5b 的地方政治关联和制度环境的交互项系数（LocalLevel*Institutions）显著为正（$\beta=0.4328$, $p < 0.01$），说明制度环境正向调节地方政治关联与 CSR 报告发布、CSR 报告质量之间的正向关系，H_{5a} 和 H_{5b} 得到验证。

两层政治关联与企业承担社会责任的关系较为复杂，具体表现为此类企业积极地发布 CSR 报告的同时会降低实质性的资源投入。H_{6a} 和 H_{6b} 认为落后的制度环境所带来的资源约束，会进一步强化两层政治关联企业采取解耦策略的行为。相反，如果企业面临的资源约束的程度较低，在企业承担社会责任时采取解耦策略的动机也会弱化。因此，两层政治关联与 CSR 报告发布的正向关系、与 CSR 报告质量的负向关系，在发达的制度环境中会被弱化。表 5-3a 中模型 6a 的两层政治关联和制度环境的交互项系数（BothLevel*Institutions）显著为负（$\beta=-0.2376$, $p < 0.01$），但表 5-3b 中模型 6b 的两层政治关联和制度环境的交互项系数（BothLevel*Institutions）却显著为正（$\beta=0.4008$, $p < 0.05$），至此，H_{6a} 和 H_{6b} 的预期结果得到检验。

除此之外，表 5-3a 中全模型 2a、表 5-3b 中全模型 2b 分别汇报的是三种政治关联、制度环境对 CSR 报告发布、CSR 报告质量影响的全模型。回归结果表明，制度环境对两层政治关联与 CSR 报告质量关系的调节作用只在边际上成立（$\beta=0.8122$，$p<0.1$）。除此之外，本研究所假设的不同政治关联和企业社会责任的关系，以及制度环境对政治关联与企业社会责任关系的全部成立，充分说明本研究假设的稳健性。

表 5-3a　　调节效应的回归分析结果（因变量 =CSR 报告发布）

变量	模型 0	模型 4a	模型 5a	模型 6a	全模型 2a
CentralLevel		0.0912*** (0.0291)			0.0871*** (0.0329)
CentralLevel*Institutions		−0.2232*** (0.0375)			−0.1464*** (0.0393)
LocalLevel			−0.1093*** (0.0293)		−0.1597*** (0.0307)
LocalLevel*Institutions			0.0858*** (0.0278)		0.1220*** (0.0297)
BothLevel				0.0763*** (0.0245)	0.0608** (0.0275)
BothLevel*Institutions				−0.2376*** (0.0314)	−0.1680*** (0.0341)
Institutions	0.2719*** (0.0521)	0.2054*** (0.0539)	0.2992*** (0.0531)	0.2278*** (0.0543)	0.2503*** (0.0559)
RequiredIssue	1.1847*** (0.0302)	1.1766*** (0.0304)	1.1816*** (0.0303)	1.1763*** (0.0303)	1.1685*** (0.0304)
FirmAsset	1.0831*** (0.0504)	1.0633*** (0.0508)	1.0906*** (0.0502)	1.0628*** (0.0502)	1.0625*** (0.0503)
ROA	0.1613** (0.0650)	0.1592** (0.0635)	0.1583** (0.0651)	0.1563** (0.0633)	0.1526** (0.0631)
OrgSlack	−1.9610*** (0.3438)	−1.8903*** (0.3444)	−1.9112*** (0.3419)	−1.8413*** (0.3425)	−1.7445*** (0.3395)
FirmAge	0.1652*** (0.0301)	0.1663*** (0.0299)	0.1712*** (0.0301)	0.1692*** (0.0298)	0.1777*** (0.0298)

续表

变量	模型 0	模型 4a	模型 5a	模型 6a	全模型 2a
StateOwned	0.1259*** (0.0320)	0.1291*** (0.0322)	0.1177*** (0.0320)	0.1263*** (0.0323)	0.1194*** (0.0323)
QFIIShares	−0.0480 (0.0363)	−0.0446 (0.0363)	−0.0503 (0.0359)	−0.0399 (0.0357)	−0.0433 (0.0354)
CrossIPO	0.2051*** (0.0395)	0.1969*** (0.0399)	0.2072*** (0.0396)	0.1943*** (0.0397)	0.1935*** (0.0399)
Exchange	−0.0493 (0.0325)	−0.0533 (0.0326)	−0.0417 (0.0330)	−0.0534 (0.0326)	−0.0460 (0.0331)
Advertisement	0.0355 (0.0220)	0.0374* (0.0224)	0.0312 (0.0219)	0.0351 (0.0227)	0.0311 (0.0225)
Complexity	0.0495 (0.0398)	0.0436 (0.0399)	0.0487 (0.0398)	0.0399 (0.0400)	0.0373 (0.0400)
Dynamics	−0.0721** (0.0342)	−0.0702** (0.0345)	−0.0754** (0.0342)	−0.0681** (0.0346)	−0.0720** (0.0344)
Munificence	0.0010 (0.0383)	0.0028 (0.0384)	−0.0022 (0.0384)	−0.0023 (0.0384)	−0.0033 (0.0386)
Legitimacy1	0.1143** (0.0445)	0.1129** (0.0445)	0.1109** (0.0448)	0.1136** (0.0444)	0.1059** (0.0447)
Legitimacy2	0.7331*** (0.0272)	0.7283*** (0.0272)	0.7369*** (0.0275)	0.7308*** (0.0273)	0.7359*** (0.0278)
Constant	−1.5416*** (0.2101)	−1.4905*** (0.2102)	−1.5827*** (0.2125)	−1.4840*** (0.2083)	−1.5240*** (0.2115)
行业 / 年份	控制	控制	控制	控制	控制
Pseudo R2	0.4309	0.4335	0.4324	0.4349	0.4375

注：$N=13376$；Robust standard errors in parentheses；***$p < 0.01$, **$p < 0.05$, *$p < 0.1$（双侧检验）。

表 5-3b　调节效应的回归分析结果（因变量 =CSR 报告质量）

变量	模型 0	模型 4b	模型 5b	模型 6b	全模型 2b
CentralLevel		0.4237** (0.1968)			2.6971*** (0.4340)

续表

变量	模型 0	模型 4b	模型 5b	模型 6b	全模型 2b
CentralLevel*Institutions		−0.4816** (0.2082)			−0.2260** (0.5319)
LocalLevel			−0.5454*** (0.1724)		−1.4971*** (0.2354)
LocalLevel*Institutions			0.4328*** (0.1587)		0.2570** (0.1178)
BothLevel				−0.4884** (0.1983)	−2.3835*** (0.4007)
BothLevel*Institutions				0.4008** (0.1743)	0.8122* (0.4476)
IMR	1.0274*** (0.2168)	1.0594*** (0.2152)	0.9619*** (0.2182)	1.0308*** (0.2170)	1.0437*** (0.2161)
Institutions	1.0273*** (0.2634)	0.9985*** (0.2528)	1.0706*** (0.2726)	0.9816*** (0.2595)	1.1658*** (0.2678)
FirmAsset	6.4639*** (0.3204)	6.3454*** (0.3334)	6.4618*** (0.3194)	6.5603*** (0.3258)	6.1862*** (0.3346)
ROA	0.4435*** (0.1366)	0.4263*** (0.1423)	0.4496*** (0.1354)	0.4533*** (0.1373)	0.4287*** (0.1393)
OrgSlack	−0.5695*** (0.2145)	−0.5081** (0.2159)	−0.5554*** (0.2140)	−0.5785*** (0.2164)	−0.4937** (0.2151)
FirmAge	−0.2786 (0.1810)	−0.2544 (0.1813)	−0.2728 (0.1808)	−0.3153* (0.1800)	−0.2656 (0.1797)
StateOwned	0.0264 (0.1689)	0.0855 (0.1702)	−0.0565 (0.1708)	0.0142 (0.1685)	0.0021 (0.1673)
QFIIShares	−0.0213 (0.1666)	−0.0197 (0.1658)	−0.0360 (0.1666)	−0.0345 (0.1662)	−0.0567 (0.1665)
CrossIPO	1.3805*** (0.2648)	1.3602*** (0.2664)	1.4250*** (0.2649)	1.3987*** (0.2650)	1.3279*** (0.2624)
Exchange	−0.6490*** (0.1840)	−0.6572*** (0.1832)	−0.6726*** (0.1835)	−0.6521*** (0.1853)	−0.6213*** (0.1816)

续表

变量	模型 0	模型 4b	模型 5b	模型 6b	全模型 2b
Advertisement	−0.0313 （0.1380）	−0.0159 （0.1349）	−0.0627 （0.1369）	−0.0445 （0.1375）	−0.0483 （0.1307）
Complexity	−0.4539** （0.2182）	−0.4779** （0.2175）	−0.4137* （0.2187）	−0.4274** （0.2175）	−0.4366** （0.2150）
Dynamics	−0.4258 （0.2740）	−0.4280 （0.2728）	−0.4209 （0.2726）	−0.4564* （0.2735）	−0.4810* （0.2773）
Munificence	−0.1690 （0.2084）	−0.1746 （0.2087）	−0.1487 （0.2071）	−0.1958 （0.2074）	−0.2364 （0.2055）
Legitimacy1	−0.4295 （0.2791）	−0.3804 （0.2804）	−0.4419 （0.2784）	−0.4064 （0.2764）	−0.2478 （0.2771）
Legitimacy2	−0.5644*** （0.1510）	−0.5336*** （0.1489）	−0.5677*** （0.1514）	−0.5663*** （0.1508）	−0.4775*** （0.1486）
Constant	36.6091*** （1.1297）	36.7224*** （1.1190）	36.4856*** （1.1323）	36.6120*** （1.1198）	37.3948*** （1.0966）
年份 / 行业	控制	控制	控制	控制	控制
R-squared	0.4103	0.4134	0.4142	0.4132	0.4323

注：N=3217；Robust standard errors in parentheses；***$p<0.01$，**$p<0.05$，*$p<0.1$（双侧检验）。

第三节 稳健性测试

为了进一步验证研究结论的稳健性，我们对自变量进行了替代测量，然后再次进行回归分析来检验研究假设是否仍然成立。具体来说，我们采取主流的测量方法来刻画三种不同类型的政治关联，即关注特定高管的政府背景来衡量企业是否存在政治关联（卫武等，2004；雷光勇等，2009；李维安等，2015），本研究关注的特定高管包括董事长和CEO。但是，在政治关联的现有研究中，有研究认为根据现行的《中华人民共和国公司法》，董事长才是企业权力最大的管理者（Li 和 Liang, 2015；Zhang 等，

2016）。为此，我们只用董事长的政府背景来刻画企业的政治关联，代替前述测量方法进行稳健性测试，分析结果见表 5-4a 和表 5-4b。

综合表 5-4a、表 5-4b、表 5-5a、表 5-5b 的回归结果，发现不同层次政治关联和 CSR 报告发布的关系，以及制度环境的调节作用，不论是在单独模型中还是在全模型中，所假设的关系全部成立。另外，不同层次政治关联和 CSR 报告质量的关系，同样全部成立。但是，制度环境对政治关联和 CSR 报告质量关系的调节作用，只在单独模型中成立，而在全模型中只是边际上成立。在表 5-5b 的全模型 2b 中，中央政治关联和制度环境的交互项系数（CentralLevel*Institutions）边际上显著为负（$\beta=-1.3550$，$p<0.1$），两层政治关联和制度环境的交互项系数（BothLevel*Institutions）边际上显著为正（$\beta=1.6439$，$p<0.1$），只有地方政治关联和制度环境的交互项系数（LocalLevel*Institutions）仍然显著为正（$\beta=0.2986$，$p<0.05$）。将此处的稳健性测试结果和前述的回归分析结果相比较，可以发现，虽然少部分调节效应的稳健性测试只在边际上成立，但本研究的大部分主要假设仍然成立，由此说明本研究的结论是非常稳健的。

表 5-4a　　　稳健性测试：主效应（因变量 =CSR 报告发布）

变量	模型 0	模型 1a	模型 2a	模型 3a	全模型 1a
CentralLevel		0.1699*** (0.0280)			0.1538*** (0.0330)
LocalLevel			−0.0570** (0.0223)		−0.1147*** (0.0304)
BothLevel				0.1107*** (0.0229)	0.0606** (0.0262)
Institutions	0.2954*** (0.0524)	0.2796*** (0.0529)	0.3040*** (0.0526)	0.2840*** (0.0528)	0.2930*** (0.0534)
RequiredIssue	1.1819*** (0.0310)	1.1841*** (0.0313)	1.1792*** (0.0310)	1.1833*** (0.0312)	1.1789*** (0.0313)

续表

变量	模型0	模型1a	模型2a	模型3a	全模型1a
FirmAsset	1.1166*** (0.0522)	1.0745*** (0.0527)	1.1226*** (0.0521)	1.1014*** (0.0524)	1.0824*** (0.0526)
ROA	0.1642** (0.0648)	0.1611** (0.0648)	0.1632** (0.0644)	0.1621** (0.0644)	0.1582** (0.0636)
OrgSlack	−2.0600*** (0.3564)	−1.9618*** (0.3555)	−2.0270*** (0.3552)	−1.9829*** (0.3554)	−1.8630*** (0.3524)
FirmAge	0.1701*** (0.0302)	0.1756*** (0.0302)	0.1738*** (0.0303)	0.1788*** (0.0301)	0.1867*** (0.0302)
StateOwned	0.1290*** (0.0322)	0.1374*** (0.0323)	0.1253*** (0.0321)	0.1329*** (0.0323)	0.1316*** (0.0323)
QFIIShares	−0.0528 (0.0372)	−0.0522 (0.0375)	−0.0538 (0.0368)	−0.0505 (0.0371)	−0.0529 (0.0365)
CrossIPO	0.1959*** (0.0408)	0.1938*** (0.0408)	0.1951*** (0.0407)	0.1945*** (0.0408)	0.1911*** (0.0408)
Exchange	−0.0243 (0.0327)	−0.0365 (0.0327)	−0.0186 (0.0330)	−0.0294 (0.0327)	−0.0269 (0.0331)
Advertisement	0.0379* (0.0213)	0.0378* (0.0216)	0.0368* (0.0212)	0.0371* (0.0215)	0.0352 (0.0215)
Complexity	0.0547 (0.0401)	0.0495 (0.0401)	0.0544 (0.0401)	0.0496 (0.0401)	0.0467 (0.0401)
Dynamics	−0.0814** (0.0346)	−0.0786** (0.0347)	−0.0832** (0.0347)	−0.0826** (0.0349)	−0.0829** (0.0348)
Munificence	−0.0058 (0.0388)	−0.0008 (0.0389)	−0.0070 (0.0389)	−0.0081 (0.0389)	−0.0045 (0.0391)
Legitimacy1	0.1180*** (0.0456)	0.1073** (0.0455)	0.1170** (0.0457)	0.1095** (0.0455)	0.1018** (0.0456)
Legitimacy2	0.7345*** (0.0277)	0.7311*** (0.0277)	0.7360*** (0.0278)	0.7346*** (0.0277)	0.7346*** (0.0279)
Constant	−1.5314*** (0.2125)	−1.4976*** (0.2110)	−1.5467*** (0.2139)	−1.5270*** (0.2116)	−1.5307*** (0.2129)
行业/年份	控制	控制	控制	控制	控制
Pseudo R2	0.4313	0.4337	0.4315	0.4329	0.4349

注：$N=13376$；Robust standard errors in parentheses；***$p<0.01$，**$p<0.05$，*$p<0.1$（双侧检验）。

表 5-4b 稳健性测试：主效应（因变量=CSR 报告质量）

变量	模型 0	模型 1b	模型 2b	模型 3b	全模型 1b
CentralLevel		0.4026** (0.2047)			2.5269*** (0.2939)
LocalLevel			−0.5206*** (0.1800)		−1.3308*** (0.1978)
BothLevel				−0.4030** (0.2010)	−2.2058*** (0.2716)
IMR	1.0728*** (0.2228)	1.0878*** (0.2217)	1.0252*** (0.2244)	1.0804*** (0.2236)	1.0875*** (0.2231)
Institutions	0.8868*** (0.2702)	0.8919*** (0.2665)	0.9484*** (0.2732)	0.8769*** (0.2731)	1.0222*** (0.2704)
FirmAsset	6.4423*** (0.3301)	6.3319*** (0.3436)	6.4629*** (0.3292)	6.5166*** (0.3363)	6.2084*** (0.3446)
ROA	0.5135*** (0.1110)	0.5050*** (0.1127)	0.5072*** (0.1099)	0.5219*** (0.1095)	0.4898*** (0.1097)
OrgSlack	−0.6940*** (0.2216)	−0.6745*** (0.2224)	−0.6736*** (0.2211)	−0.7215*** (0.2236)	−0.6698*** (0.2224)
FirmAge	−0.3296* (0.1874)	−0.3044 (0.1878)	−0.3090* (0.1871)	−0.3605* (0.1866)	−0.2882 (0.1861)
StateOwned	0.0480 (0.1744)	0.0901 (0.1760)	−0.0182 (0.1771)	0.0219 (0.1750)	0.0004 (0.1746)
QFIIShares	0.2620* (0.1534)	0.2630* (0.1559)	0.2572* (0.1503)	0.2640* (0.1523)	0.2674* (0.1513)
CrossIPO	1.3784*** (0.2774)	1.3426*** (0.2773)	1.4137*** (0.2777)	1.3948*** (0.2769)	1.3334*** (0.2729)
Exchange	−0.4372** (0.1900)	−0.4417** (0.1897)	−0.4452** (0.1897)	−0.4159** (0.1913)	−0.3696** (0.1879)
Advertisement	−0.0405 (0.1412)	−0.0267 (0.1402)	−0.0631 (0.1401)	−0.0460 (0.1434)	−0.0407 (0.1387)
Complexity	−0.5573** (0.2257)	−0.5804** (0.2258)	−0.5445** (0.2258)	−0.5417** (0.2256)	−0.5851*** (0.2224)

续表

变量	模型 0	模型 1b	模型 2b	模型 3b	全模型 1b
Dynamics	−0.2758 (0.2915)	−0.2565 (0.2912)	−0.2939 (0.2898)	−0.2934 (0.2917)	−0.2975 (0.2879)
Munificence	−0.0956 (0.2158)	−0.0872 (0.2158)	−0.0937 (0.2146)	−0.1180 (0.2155)	−0.1605 (0.2126)
Legitimacy1	−0.3737 (0.2842)	−0.3600 (0.2863)	−0.3513 (0.2827)	−0.3703 (0.2823)	−0.2118 (0.2825)
Legitimacy2	−0.3659** (0.1549)	−0.3525** (0.1537)	−0.3714** (0.1548)	−0.3671** (0.1551)	−0.3020** (0.1529)
Constant	36.4725*** (1.1169)	36.6655*** (1.1190)	36.3690*** (1.1205)	36.4041*** (1.1044)	37.0455*** (1.0647)
年份/行业	控制	控制	控制	控制	控制
R-squared	0.4114	0.4121	0.4133	0.4124	0.4287

注：$N=3217$；Robust standard errors in parentheses；***$p<0.01$，**$p<0.05$，*$p<0.1$（双侧检验）。

表 5-5a　　稳健性测试：调节效应（因变量=CSR 报告发布）

变量	模型 0	模型 4a	模型 5a	模型 6a	全模型 2a
CentralLevel		0.1837*** (0.0297)			0.1818*** (0.0337)
CentralLevel*Institutions		−0.2803*** (0.0444)			−0.1602** (0.0643)
LocalLevel			−0.0549* (0.0293)		−0.1122*** (0.0309)
LocalLevel*Institutions			0.1166*** (0.0281)		0.0734** (0.0323)
BothLevel				0.1509*** (0.0272)	0.0914*** (0.0280)
BothLevel*Institutions				−0.5000*** (0.0452)	−0.5169*** (0.0506)
Institutions	0.2954*** (0.0524)	0.2111*** (0.0546)	0.3125*** (0.0534)	0.2018*** (0.0559)	0.2532*** (0.0576)

续表

变量	模型 0	模型 4a	模型 5a	模型 6a	全模型 2a
RequiredIssue	1.1819*** (0.0310)	1.1765*** (0.0314)	1.1818*** (0.0311)	1.1716*** (0.0314)	1.1677*** (0.0316)
FirmAsset	1.1166*** (0.0522)	1.0727*** (0.0526)	1.1157*** (0.0520)	1.0874*** (0.0521)	1.0616*** (0.0523)
ROA	0.1642** (0.0648)	0.1593** (0.0630)	0.1618** (0.0658)	0.1550** (0.0622)	0.1507** (0.0624)
OrgSlack	−2.0600*** (0.3564)	−1.9348*** (0.3570)	−2.0427*** (0.3546)	−1.8598*** (0.3559)	−1.7480*** (0.3518)
FirmAge	0.1701*** (0.0302)	0.1740*** (0.0300)	0.1722*** (0.0303)	0.1825*** (0.0299)	0.1880*** (0.0301)
StateOwned	0.1290*** (0.0322)	0.1364*** (0.0324)	0.1238*** (0.0322)	0.1296*** (0.0327)	0.1298*** (0.0327)
QFIIShares	−0.0528 (0.0372)	−0.0481 (0.0374)	−0.0544 (0.0372)	−0.0376 (0.0360)	−0.0423 (0.0360)
CrossIPO	0.1959*** (0.0408)	0.1871*** (0.0416)	0.2005*** (0.0408)	0.1782*** (0.0416)	0.1763*** (0.0419)
Exchange	−0.0243 (0.0327)	−0.0347 (0.0328)	−0.0239 (0.0332)	−0.0291 (0.0330)	−0.0291 (0.0334)
Advertisement	0.0379* (0.0213)	0.0418* (0.0218)	0.0335 (0.0215)	0.0381* (0.0221)	0.0354 (0.0222)
Complexity	0.0547 (0.0401)	0.0470 (0.0402)	0.0530 (0.0400)	0.0417 (0.0405)	0.0385 (0.0404)
Dynamics	−0.0814** (0.0346)	−0.0803** (0.0352)	−0.0821** (0.0345)	−0.0799** (0.0359)	−0.0770** (0.0352)
Munificence	−0.0058 (0.0388)	−0.0016 (0.0390)	−0.0083 (0.0388)	−0.0149 (0.0393)	−0.0097 (0.0394)
Legitimacy1	0.1180*** (0.0456)	0.1134** (0.0456)	0.1140** (0.0458)	0.1137** (0.0457)	0.1034** (0.0459)
Legitimacy2	0.7345*** (0.0277)	0.7272*** (0.0278)	0.7371*** (0.0279)	0.7299*** (0.0281)	0.7328*** (0.0284)
Constant	−1.5314*** (0.2125)	−1.4850*** (0.2133)	−1.5501*** (0.2137)	−1.4774*** (0.2112)	−1.4800*** (0.2122)

续表

变量	模型 0	模型 4a	模型 5a	模型 6a	全模型 2a
行业/年份	控制	控制	控制	控制	控制
Pseudo R2	0.4313	0.4362	0.4324	0.4422	0.4450

注：N=13376；Robust standard errors in parentheses；$^{***}p<0.01$，$^{**}p<0.05$，$^{*}p<0.1$（双侧检验）。

表 5-5b　　稳健性测试：调节效应（因变量 =CSR 报告质量）

变量	模型 0	模型 4b	模型 5b	模型 6b	全模型 2b
CentralLevel		0.4019** (0.2026)			2.6945*** (0.4728)
CentralLevel*Institutions		−0.6603*** (0.2160)			−1.3550* (0.7704)
LocalLevel			−0.5289*** (0.1795)		−1.3873*** (0.2401)
LocalLevel*Institutions			0.4260*** (0.1640)		0.2986** (0.1489)
BothLevel				−0.4051** (0.2008)	−2.3369*** (0.4304)
BothLevel*Institutions				0.5498** (0.2275)	1.6439* (0.9613)
IMR	1.0728*** (0.2228)	1.1022*** (0.2214)	1.0119*** (0.2242)	1.0835*** (0.2230)	1.0842*** (0.2222)
Institutions	0.8868*** (0.2702)	0.7926*** (0.2584)	0.9458*** (0.2804)	0.8217*** (0.2645)	0.9594*** (0.2738)
FirmAsset	6.4423*** (0.3301)	6.3487*** (0.3433)	6.4399*** (0.3294)	6.5391*** (0.3364)	6.2034*** (0.3444)
ROA	0.5135*** (0.1110)	0.4941*** (0.1178)	0.5207*** (0.1091)	0.5219*** (0.1131)	0.4998*** (0.1138)
OrgSlack	−0.6940*** (0.2216)	−0.6418*** (0.2227)	−0.6696*** (0.2212)	−0.6855*** (0.2234)	−0.6164*** (0.2224)

续表

变量	模型 0	模型 4b	模型 5b	模型 6b	全模型 2b
FirmAge	−0.3296* (0.1874)	−0.3124* (0.1876)	−0.3204* (0.1870)	−0.3738** (0.1864)	−0.3124* (0.1857)
StateOwned	0.0480 (0.1744)	0.1016 (0.1754)	−0.0302 (0.1765)	0.0352 (0.1739)	0.0130 (0.1732)
QFIIShares	0.2620* (0.1534)	0.2592* (0.1519)	0.2493 (0.1527)	0.2539* (0.1506)	0.2476 (0.1511)
CrossIPO	1.3784*** (0.2774)	1.3537*** (0.2787)	1.4215*** (0.2773)	1.3902*** (0.2775)	1.3235*** (0.2751)
Exchange	−0.4372** (0.1900)	−0.4511** (0.1893)	−0.4622** (0.1893)	−0.4461** (0.1919)	−0.4223** (0.1880)
Advertisement	−0.0405 (0.1412)	−0.0374 (0.1367)	−0.0674 (0.1403)	−0.0597 (0.1395)	−0.0610 (0.1335)
Complexity	−0.5573** (0.2257)	−0.5743** (0.2249)	−0.5216** (0.2261)	−0.5186** (0.2249)	−0.5379** (0.2218)
Dynamics	−0.2758 (0.2915)	−0.2861 (0.2895)	−0.2695 (0.2900)	−0.3109 (0.2900)	−0.3010 (0.2864)
Munificence	−0.0956 (0.2158)	−0.1062 (0.2150)	−0.0766 (0.2148)	−0.1241 (0.2146)	−0.1577 (0.2116)
Legitimacy1	−0.3737 (0.2842)	−0.3187 (0.2850)	−0.3871 (0.2829)	−0.3617 (0.2808)	−0.2226 (0.2812)
Legitimacy2	−0.3659** (0.1549)	−0.3441** (0.1531)	−0.3666** (0.1550)	−0.3671** (0.1545)	−0.2956* (0.1522)
Constant	36.4725*** (1.1169)	36.5787*** (1.1051)	36.3699*** (1.1205)	36.4773*** (1.1127)	37.2240*** (1.0984)
行业/年份	控制	控制	控制	控制	控制
R-squared	0.4112	0.4154	0.4143	0.4142	0.4323

注：$N=3217$；Robust standard errors in parentheses；***$p<0.01$，**$p<0.05$，*$p<0.1$（双侧检验）。

第四节 内生性检验

虽然通过对主要变量进行测量替换，能够说明研究结论的稳健性。然而，计量模型还可能因为存在内生性问题，影响研究结论的可靠性。内生性是指回归模型中，存在解释变量和扰动项相关的情形，从而不满足 OLS（最小二乘法）回归的基本假定，最终导致回归结果有偏差。引发内生性的主要原因包括反向的因果关系、样本自选择问题、模型设定中遗漏变量以及存在测量误差等。为了消除研究模型中潜在的内生性问题，本研究进行了如下处理。

首先，在模型设定上，我们用 t 期的解释变量对 $t+1$ 期企业社会责任进行回归分析，通过这种变量上的滞后关系，在一定程度上能够消除因为反向的因果关系导致的内生性问题。

其次，从实质上看，样本自选择可以看作一种特殊类型的遗漏变量形式，因此也会引发内生性问题（Semadeni 等，2014；王宇和李海洋，2017）。为验证政治关联与 CSR 报告质量，我们通过 Heckman 两阶段法来消除样本自选择问题对回归结果的影响。

最后，尽管前面两种方法能够在一定程度上消除因反向的因果关系以及样本自选择问题而引发的内生性问题，但是研究模型还可能存在其他形式的遗漏变量以及测量误差问题，因此还存在发生内生性的可能。为了在更大程度上消除可能存在的内生性问题，本研究还选择"企业总部是否位于省会城市"作为工具变量，进行两阶段 OLS 回归来进一步控制内生性。

现有研究表明，企业所在城市对政治关联存在显著影响，省会城市存在更多的政府部门和政府官员，这种地缘优势更方便企业建立政治关联；另外，中央层面的代表委员往往也是给地方分配名额，然后从地方政府推荐的名单中确定最终人选（Boubakri 等，2008；Chaney 等，2011；Luo 等，2017）。但尚未有研究表明，是否在省会城市会对企业的社会责任产生影响。所以，"企业总部是否位于省会城市"能够很好满足工具变量的"工具相关性、工具外生性"要求（杰弗里·M.伍德里奇，2014；陈强，2014；曹春方和林雁，2017）。"工具相关性"是指工具变量应该与内生变量显著相关，而"工具外生性"则是指工具变量在能够解释内生变量的前提下，不会对因变量产生影响。表5-6工具变量有效性检验的结果表明，工具变量和自变量中央政治关联（CentralLevel）、地方政治关联（LocalLevel）显著正相关（$p<0.01$），而与因变量CSR报告发布（ReportIssue）的相关系数为-0.0125、与CSR报告质量（ReportQuality）的相关系数为0.0188，但都不显著，说明工具变量对因变量不存在显著的影响。因此，工具变量有效性检验的结果表明选取的工具变量合理。

利用工具变量控制内生性的回归结果如表5-7a和表5-7b所示。在政治关联与CSR报告发布的内生性检验中，工具变量（IV）对自变量中央政治关联（$\beta=0.3685$，$p<0.01$）、地方政治关联（$\beta=0.8251$，$p<0.01$）的影响显著为正。但在第二阶段的回归中，地方政治关联的拟合值（LocalLevel_hat）显著为负（$\beta=-0.0731$，$p<0.05$），而中央政治关联的拟合值（CentralLevel_hat）只在0.1的水平上显著（$\beta=0.3565$，$p<0.1$）。在政治关联与CSR报告质量的内生性检验中（表5-7b），基本结论类似，即第一阶段工具变量对内生变量的影响显著成立，而内生变量拟合值对因变量的影响中，地方政治关联显著成立（$\beta=-2.2310$，$p<0.01$），中央政治关联只是边际上成立（$\beta=3.8625$，$p<0.1$）。根据本部分工具变量的分析结果，再综合前文的Heckman检验、因变量滞后等内生性应对方法来看，本研究的结论具有较强的稳健性。

表 5-6　　　　　　　　　工具变量有效性检验

样本	样本 SampleIssue		
变量	CentralLevel	LocalLevel	ReportIssue
相关系数	0.2325***	0.5293***	−0.0125
显著性水平	0.0000	0.0000	0.1471
样本	样本 SampleQuality		
变量	CentralLevel	LocalLevel	ReportQuality
相关系数	0.5723***	0.7515***	0.0188
显著性水平	0.0000	0.0000	0.2869

注：N1（样本 SampleIssue）=13347；N2（样本 SampleQuality）=3208；Robust standard errors in parentheses；***$p < 0.01$（双侧检验）。

表 5-7a　　　　　　内生性检验（政治关联 V.S. CSR 报告发布）

变量	模型 1-1	模型 1-2	模型 2-1	模型 2-2
	CentralLevel	ReportIssue	LocalLevel	ReportIssue
IV	0.3685*** （0.0162）		0.8251*** （0.0141）	
CentralLevel_hat		0.3565* （0.2154）		
LocalLevel_hat				−0.0731** （0.0291）
Institutions	0.0258 （0.0163）	−0.0301* （0.0168）	−0.2381*** （0.0146）	−0.0366** （0.0164）
RequiredIssue	0.0743*** （0.0175）	0.6799*** （0.0167）	−0.0692*** （0.0127）	0.6736*** （0.0167）
FirmAsset	0.2749*** （0.0270）	0.5780*** （0.0290）	0.1057*** （0.0170）	0.5627*** （0.0282）
ROA	0.0489** （0.0216）	0.1006** （0.0425）	−0.0230* （0.0139）	0.0973** （0.0424）
OrgSlack	−0.1714 （0.2370）	−0.8989*** （0.1827）	−0.0403* （0.0219）	−0.8811*** （0.1821）

续表

变量	模型 1-1 CentralLevel	模型 1-2 ReportIssue	模型 2-1 LocalLevel	模型 2-2 ReportIssue
FirmAge	0.0306 (0.0186)	0.0956*** (0.0166)	0.1389*** (0.0145)	0.0975*** (0.0166)
StateOwned	−0.0391** (0.0188)	0.0559*** (0.0171)	−0.1090*** (0.0143)	0.0560*** (0.0171)
QFIIShares	0.0012 (0.0133)	−0.0215 (0.0192)	−0.0134 (0.0110)	−0.0219 (0.0193)
CrossIPO	0.0542*** (0.0149)	0.0986*** (0.0240)	0.0411*** (0.0123)	0.0942*** (0.0245)
Exchange	0.1030*** (0.0183)	−0.0407** (0.0175)	0.1127*** (0.0141)	−0.0442*** (0.0171)
Advertisement	0.0256* (0.0133)	0.0222* (0.0128)	−0.0088 (0.0147)	0.0207 (0.0128)
Complexity	0.0751*** (0.0224)	0.0332 (0.0210)	−0.0036 (0.0180)	0.0288 (0.0209)
Dynamics	−0.0627** (0.0263)	−0.0472** (0.0196)	−0.0777*** (0.0223)	−0.0451** (0.0195)
Munificence	−0.0591*** (0.0218)	−0.0194 (0.0202)	−0.0440*** (0.0168)	−0.0171 (0.0201)
Legitimacy1	0.0721*** (0.0228)	0.0728*** (0.0242)	0.0243 (0.0183)	0.0695*** (0.0242)
Legitimacy2	0.0635*** (0.0149)	0.3642*** (0.0145)	−0.0269** (0.0122)	0.3597*** (0.0146)
Constant	−1.9721*** (0.1602)	−0.7902*** (0.1120)	−0.7610*** (0.0882)	−0.7852*** (0.1119)
年份/行业	控制	控制	控制	控制
R-squared	0.1773	0.4239	0.2887	0.4238

注：$N=13347$；Robust standard errors in parentheses；$^{***}p<0.01$，$^{**}p<0.05$，$^{*}p<0.1$（双侧检验）。

表 5-7b　　　内生性检验（政治关联 V.S. CSR 报告质量）

变量	模型 3-1 CentralLevel	模型 3-2 ReportQuality	模型 4-1 LocalLevel	模型 4-2 ReportQuality
IV	0.2076*** (0.0076)		0.3703*** (0.0046)	
CentralLevel_hat		3.8625* (2.0342)		
LocalLevel_hat				−2.2310*** (0.4922)
Institutions	−0.0196*** (0.0061)	1.7235*** (0.1846)	0.0127** (0.0062)	1.8247*** (0.1835)
IMR	−0.0145** (0.0069)		−0.0415*** (0.0074)	
FirmAsset	0.0810*** (0.0109)	6.4216*** (0.3046)	−0.0463*** (0.0100)	6.0325*** (0.2827)
ROA	0.0074*** (0.0023)	0.4503*** (0.1605)	−0.0072*** (0.0028)	0.4066** (0.1595)
OrgSlack	−0.0246*** (0.0068)	−0.5937*** (0.2143)	0.0176** (0.0079)	−0.4640** (0.2138)
FirmAge	−0.0163*** (0.0063)	−0.4565** (0.1787)	0.0228*** (0.0064)	−0.3400* (0.1790)
StateOwned	−0.0310*** (0.0060)	−0.1997 (0.1718)	−0.0481*** (0.0068)	−0.1847 (0.1706)
QFIIShares	0.0003 (0.0071)	−0.0575 (0.1645)	0.0076 (0.0057)	−0.0417 (0.1644)
CrossIPO	0.0166** (0.0081)	1.5778*** (0.2633)	0.0084 (0.0058)	1.5311*** (0.2613)
Exchange	−0.0053 (0.0069)	−0.8494*** (0.1619)	−0.0234*** (0.0069)	−0.8685*** (0.1618)
Advertisement	−0.0032 (0.0040)	−0.1722 (0.1399)	−0.0002 (0.0068)	−0.1611 (0.1397)
Complexity	0.0094 (0.0079)	−0.3926* (0.2220)	−0.0045 (0.0078)	−0.4372** (0.2205)

续表

变量	模型 3-1 CentralLevel	模型 3-2 ReportQuality	模型 4-1 LocalLevel	模型 4-2 ReportQuality
Dynamics	−0.0077 (0.0076)	−0.5404* (0.2778)	−0.0019 (0.0074)	−0.5142* (0.2776)
Munificence	−0.0035 (0.0078)	−0.1609 (0.2070)	0.0054 (0.0076)	−0.1351 (0.2069)
Legitimacy1	−0.0141 (0.0108)	−0.3933 (0.2780)	0.0138 (0.0090)	−0.3121 (0.2774)
Legitimacy2	−0.0207*** (0.0057)	−0.7634*** (0.1332)	−0.0196*** (0.0065)	−0.7161*** (0.1331)
Constant	0.0820** (0.0397)	37.1253*** (1.1218)	0.5052*** (0.0350)	37.8988*** (1.1370)
行业/年份	控制	控制	控制	控制
R-squared	0.3731	0.4062	0.5911	0.4076

注：$N=3208$；Robust standard errors in parentheses；$***p<0.01$，$**p<0.05$，$*p<0.1$（双侧检验）。

第五节 本章小结

本章主要介绍了实证分析的结果。首先，本章给出了主要变量的描述统计和相关系数等内容，发现样本企业中只有四分之一左右的企业发布 CSR 报告，说明企业对社会责任的参与程度较低。不仅如此，即使企业发布了 CSR 报告，且进行大量的资源投入，样本企业的 CSR 报告评级得分大多数在 60 以下。其次，本章介绍了具体的检测方法，包括通过 LM 检验来决定选择混合效应模型、通过 Heckman 两阶段法消除样本选择偏差，以及通过将所有解释变量标注化来排除潜在的共线性问题。最后，本章详细汇报了回归分析以及稳健性测试的结果，结果表明不同层次政治关联对 CSR 报告发布、CSR 报告质量的影响存在差异，并且制度环境能够显著调节不同类型政治关联和企业社会责任的关系。

表 5-8 对研究假设的验证结果进行了归纳总结。

表 5-8　　　　　　　　　研究假设的验证结果

编号	研究假设	验证结果
H_{1a}	中央政治关联与 CSR 报告发布正相关	支持
H_{1b}	中央政治关联与 CSR 报告质量正相关	支持
H_{2a}	地方政治关联与 CSR 报告发布负相关	支持
H_{2b}	地方政治关联与 CSR 报告质量负相关	支持
H_{3a}	两层政治关联与 CSR 报告发布正相关	支持
H_{3b}	两层政治关联与 CSR 报告质量负相关	支持
H_{4a}	制度环境负向调节中央政治关联与 CSR 报告发布之间的正向关系	支持
H_{4b}	制度环境负向调节中央政治关联与 CSR 报告质量之间的正向关系	支持
H_{5a}	制度环境正向调节中央政治关联与 CSR 报告发布之间的负向关系	支持
H_{5b}	制度环境正向调节中央政治关联与 CSR 报告质量之间的负向关系	支持
H_{6a}	制度环境负向调节两层政治关联与 CSR 报告发布之间的正向关系	支持
H_{6b}	制度环境正向调节两层政治关联与 CSR 报告质量之间的负向关系	边际支持

第六章 研究结论与研究展望

第一节 研究结论

不论是在发展中国家,还是在发达国家,作为企业和政府之间的制度连接,企业政治战略对企业的发展和竞争都至关重要。政治关联作为企业政治战略的重要形式,如何影响企业的战略选择以及组织结果,得到众多学者的关注。其中,许多研究探讨了政治关联对企业承担社会责任的影响,但研究结论存在冲突。有学者认为,政治关联会阻碍企业承担社会责任(Maung 等,2016;郭岚和苏忠秦,2017)。此类观点强调政治关联的缓冲功能,即企业通过政治关联能够获取重要的信息、资源以及政治合法性,同时还能规避来自政府的行政干涉,这些战略资产的获得降低了企业承担战略性社会责任的必要性,因此可以作为社会责任战略的一种替代选择(Hillman,2005;Lester 等,2008;Correia,2014)。但也有学者认为,政治关联能够促进企业承担社会责任,此类观点强调政治关联的绑定功能(Caprio 和 Croci,2008;Marquis 和 Qian,2014)。即政治关联会加强企业对政府的依赖关系,从而将企业和政府"绑定"在一起,使企业更有可能满足政府的期望(Boubakri 等,2008)。那么,如何才能协调这两种不同的理论观点呢?

第六章 研究结论与研究展望

本研究基于不同层次政府对企业社会责任需求的异质性假设,将政治关联划分为中央政治关联、地方政治关联,以及同时存在中央和地方政府关系的两层政治关联。然后,综合运用制度理论、资源依赖理论和权变理论等,探讨了不同层次政治关联对企业社会责任的差异化影响,以及两层政治关联对企业社会责任解耦策略的触发。另外,本研究还考察了地区制度环境对不同层次政治关联和企业社会责任关系的调节作用。最后,本研究对沪深两市 A 股上市企业提出的主效应和调节效应进行了实证检验,具体的研究发现包括以下几个方面的内容。

首先,中央政治关联能够促进企业承担社会责任。相比没有中央政治关联的企业,存在中央政治关联的企业发布 CSR 报告的可能性较大;并且,此类企业承担社会责任不会只停留在形式上,而是会进行实质性的资源投入,体现为高质量的 CSR 报告。因此,中央政治关联在企业承担社会责任方面,发挥的是政治关联的绑定功能(Boubakri 等,2008;Caprio 和 Croci,2008),即政治关联将企业和政府绑定在一起,迫使企业投入资源去完成政府期望的各种活动。

其次,地方政治关联会阻碍企业承担社会责任。地方政治关联与中央政治关联刚好相反,发挥的是政治关联的缓冲功能(Hillman,2005;Lester 等,2008)。即政治关联能够帮助企业获得政府所提供的信息、资源以及赢得政治合法性,同时有效规避政府的干预风险。因此,存在地方政治关联的企业,在地方政府不太重视企业社会责任的背景下,会充分利用政治关联的缓冲功能,减少甚至回避承担社会责任时的资源投入。具体来说,相比其他情形,存在地方政治关联的企业,发布 CSR 报告的可能性较小,即使基于其他原因发布了 CSR 报告,也多数停留在形式上,并不会进行实质性的资源投入,表现为低质量的 CSR 报告。

再次,两层政治关联触发了企业社会责任的解耦策略。不同层次政治关联发挥着不同的功能,中央政治关联发挥绑定功能,地方政治关联发挥缓冲功能。如果企业同时存在这两种类型的政治关联，就会面临相互冲突的行为逻辑。本研究表明，此类企业会通过解耦策略，来应对相互矛盾的行为逻辑（Bromley 和 Powell，2012；Marquis 和 Qian，2014）。具体来说，存在两层政治关联的企业，一方面会积极发布 CSR 报告，以此来响应中央政府的规范性预期；另一方面，会充分利用政治关联的缓冲功能，规避承担社会责任时的资源投入，表现为较低的 CSR 报告质量。

最后，我们基于资源依赖理论和权变理论讨论了制度环境的调节作用。制度环境囊括了企业所在地区的政治、经济、文化以及社会等多个层面的制度因素（Scott，2008）。王小鲁等学者建议从政府与市场的关系、非国有经济的发展程度、产品市场的发育程度、要素市场的发育程度、市场中介组织的发育程度和法律制度环境等方面来考察一个地区的制度环境。发达的制度环境往往伴随着发达的产品和要素市场、成熟的市场中介、完善的法律环境以及较少的政府干预（Luo 和 Tung，2007；王小鲁等，2017）。制度环境能够显著影响企业的资源约束程度，越是在发达的制度环境下，企业面临的资源约束程度越低；相反，在落后的制度环境下，企业就会遭受明显的资源约束。因此，本研究认为不论政治关联发挥的是绑定功能，还是缓冲功能，在落后的制度环境下，政治关联所发挥的特定功能都会被进一步强化。具体而言，落后的制度环境会进一步强化中央政治关联的绑定功能，因为在资源约束明显的情形下，政治关联企业对政府及其资源依赖程度更高。换言之，制度环境能够负向调节中央政治关联对企业承担社会责任的促进作用。同样，落后的制度环境会进一步强化地方政治关联的缓冲功能，因为显著的资源约束会进一步强化政治关联企业规避资源投入的动机。换言之，制度环境能够正向调节地方政治关联对企业承担社会责任的阻碍作用。最后，发达的制度环境还能够有效缓解企业的解耦策略，存在两层政治关联的企业之所以会采取解耦策略，大部分是因为不具备资源投入的能力。因此，当企业嵌入的制度环境较为发达时，面临的资源约束程度相对较低，因此采取解耦策略来应对承担社会责任的可能性也会所有减小。

第二节 研究贡献

本研究基于中国沪深两市上市企业的研究样本，实证研究了不同层次政治关联对企业社会责任的差异化影响，以及制度环境对不同层次政治关联与企业承担社会责任关系的调节作用。研究的具体结论已在前文详细阐述，基于此，我们认为本研究的研究贡献主要体现在以下几个方面。

第一，协调了政治关联与企业社会责任的研究冲突。现有研究对于政治关联如何影响企业承担社会责任，存在两种完全相反的理论观点，并且都得到了实证证据的支持（Correia，2014；Marquis 和 Qian，2014；郭岚和苏忠秦，2017）。研究结论之所以相互冲突，一个非常重要的原因是相关研究忽略了不同层次政府对企业社会责任的需求异质性，这种需求差异使中央政府和地方政府采取截然不同的态度来对待企业社会责任，并进一步激活政治关联的不同功能，最终制约政治关联影响企业社会责任的关系机制。本研究基于提取的上市企业高管背景特征数据，构建了企业的政治关联，同时还根据政治关联的层级属性将政治关联区分为中央政治关联和地方政治关联，并基于此探讨了政治关联与企业承担社会责任的复杂关系。研究表明，中央政治关联能够促进企业对社会责任的承担，而地方政治关联的作用刚好相反，会对企业承担社会责任形成阻碍；同时，存在两层政治关联的企业，会采取解耦策略来应对中央政府对企业的社会责任要求。本研究通过将不同层次政府对待企业承担社会责任的态度纳入两者关系的讨论，打开了政治关联内在的异质性，进而能够协调政治关联和企业社会责任的现有研究冲突。

第二，拓展了政治关联功能发挥的情境研究。政治关联如何影响企业的行为以及组织结果，现有研究存在两种截然相反的观点，即缓冲功能和绑定功能（Sun 等，2012）。缓冲功能的观点认为，政治关联能够帮助企业获得政府资源和信息、规避不合理的政府干预，从而有利于提升竞争优势和财务绩效（Li 等，2008；Mellahi 等，2016）。绑定功能的观点认为，政治关联存在显著的关系成本，如政治关联会迫使企业迎合和满足政府的需求，从而容易引发政府的寻租行为，增加企业的经营成本（Boubakri 等，2008）。然而，只有少部分学者对于政治关联不同功能发挥的情境因素进行了研究。如 Zhang 等学者从政治关联获得方式角度，将政治关联的方式划分为政府官员型方式和代表委员型方式，认为政府官员型方式的政治关联更多发挥的是缓冲功能，而代表委员型方式的政治关联更多发挥的是绑定功能（Zhang 等，2016）。本研究基于层级属性将政治关联划分为中央政治关联和地方政治关联，发现中央政治关联发挥绑定功能，地方政治关联发挥缓冲功能。因此，本研究丰富了政治关联不同功能发挥的情境研究，有助于进一步理解政治关联何时发挥绑定功能、何时发挥缓冲功能。

第三，丰富了企业采取解耦策略的前因研究。企业通过将政策采纳和政策执行相分离来实现解耦目的，制度学者对此类行为的动因进行了大量的研究，认为企业采取解耦策略的前因大致分为两大类（Bromley 和 Powell，2012）。第一类观点认为外部合法性和内部效率的矛盾是触发解耦的原因，企业需要合法性来维持利益相关者的认可和资源支持，但满足外部期望的行为又需要企业进行资源投入、变革内部流程和惯例，从而造成效率损失，正是这两个目标之间的冲突导致企业采取解耦策略（McWilliams 和 Siegel，2001；Dowell 和 Muthulingam，2017）。第二类观点认为制度多元性也会导致企业采取解耦策略，具体来说，企业的运营过程中通常不是简单地遵循单一主导逻辑，更现实的情形是需要面对多种制度逻辑，并且这些制度逻辑往往并不兼容，甚至相互对立，企业出于平衡多种外部期望的目的而采取解耦策略（Thornton 和 Ocasio，1999；Quirke，2013）。本研究通过考察政治关联内在的异质性，发现复杂的政治嵌入使企业遭遇制度复杂性，进而导致企业采取解耦策略。因此，本研究的发现能够进一步丰富制度多元性视角下企业采取解耦策略的前因研究。

第四，深化了不同类型的非市场战略之间的关系研究。Peng 等学者通过资源基础观、产业基础观的理论思路，提出了战略研究的制度基础观，认为制度因素包括正式和非正式两种，能够显著影响管理者的战略决策（Peng 等，2009）。在新兴市场条件下，制度空白（Institutional Voids）是企业所处制度环境的基本特征，企业通过开展企业政治活动（Corporate Political Activity）、企业社会责任等典型的非市场战略来应对落后的制度环境（Mellahi 等，2016）。然而，对企业政治活动与企业社会责任这两种代表性的非市场战略的关系，现有研究存在不一致的看法，有学者认为两者是替代的关系，也有学者认为两者之间是互补的关系（Jamali 和 Mirshak，2010；Den Hond 等，2014）。本研究将政治关联按照层级属性划分不同类型后，研究发现，企业政治活动和企业社会责任之间既可能是互补的关系，也有可能是替代的关系，关键取决于政治关联的层次。因此，本研究的成果，进一步丰富了不同类型的非市场战略之间的关系讨论。

第五，本研究的结论对政策制定和管理实践具有重要的借鉴意义。本研究的结论表明，不同层次政治关联对企业承担社会责任的作用之所以存在差异，根本原因在于地方政府对社会责任的需求与中央政府并不完全一致。因此，为了更好地推进企业承担社会责任，政策制定者需要对政府内部的这种需求差异加以考虑，通过制定有针对性的监督措施改善地方政府对待企业承担社会责任的态度。在管理启示方面，考虑到不同层次政治关联发挥着不同的功能，从而会对组织结果产生不同的影响。因此，管理者在主动构建政企关系时，需要关注政治关联的层次属性，必须明确特定的政治关联将会发挥何种功能，然后再选择性地构建企业的社会资本。

第三节 研究展望

本研究通过制度理论、资源依赖理论以及权变理论等，考察了不同层次政治关联（中央政治关联、地方政治关联、两层政治关联）对企业社会责任（CSR报告发布、CSR报告质量）的差异化影响，同时还探究了制度环境对不同层次政治关联和企业社会责任的调节作用。虽然本研究已经对研究框架和研究设计进行了充分的完善，但是因为存在众多的制约因素，使本研究还存在一些局限，以期通过未来研究使其进一步完善。

首先，情境约束对研究结论泛化能力的影响。本研究考察政治关联与企业社会责任的关系时，所基于的样本是国内的上市企业。虽然上市企业的行业分布已涵盖所有国民经济领域，并且在经济体系中的权重也相对较高。然而，非上市企业在治理结构、资源能力及面临的制度压力方面，与上市企业存在显著的差别。因此，本研究结论能否推广到非上市企业情境，还有待检验。未来的研究，可以通过问卷调查的方式来获取数据，对非上市企业情境下不同层次政治关联与企业社会责任的关系进行探讨，从而对本研究的结论做进一步的论证。另外，未来研究还可以考虑在其他国家情境下，验证本研究的结论的稳健性。本研究对政治关联不同层次的划分依据，是中央政府和地方政府对企业社会责任的需求异质性。然而，中国政府的不同层次对社会责任的需求差异，很大程度是由转型的制度背景决定的，在其他国家的制度环境下，是否仍然存在这种差异？本研究的结论是否仍然成立？需要进行进一步的验证。

其次，在自变量政治关联的测量方面，我们采取主流的虚拟变量方法，来刻画企业是否存在政治关联。虽然取值0或者1的虚拟变量法能够很好描述政治关联是否存在，但也会丢失部分信息含量，如无法表征政治关联的强度等问题，而政治关联的关系强度也有可能影响本研究的结论。如李健等国内学者研究董事长政治关联对企业价值影响时，通过对董事长是否存在政府工作经历、是否担任人大代表或政协委员以及是否获得过政府奖励等多个条目进行计数，以此来刻画董事长政治关联的关系强度（李健等，2012）。国外学者的研究，大多通过企业政治献金的金额多少来衡量政治关联的关系强度。如Claessens等学者基于巴西1998年和2002年的换届选举事件，考察了政治关联和企业融资的关系。他们通过企业对当选领导人所在政党的政治献金的金额多少来衡量政治关联的关系强度，研究发现企业的政治献金越多，在接下来的4年内相比那些没有捐赠的企业，会获得更多的银行贷款（Claessens等，2008）。虽然国内外学者对政治关联的关系强度的测量方法存在差异，但大多数强调了关系强度对企业行为和价值的影响。因此，未来的研究可以考虑，将关系强度纳入政治关联与企业社会责任的关系研究，进而更深入地探究政治关联与企业社会责任的关系机理。

最后，在调节变量的选择方面，还值得进一步的拓展。按照权变理论的思想，企业的战略行为以及由此导致的组织结果，并不存在所谓的绝对规律，而是一定程度上受制于企业的外部环境。进一步地，企业的外部环境又可以分为制度环境和市场环境两大类，本研究着重考虑了制度环境对政治关联和企业社会责任关系的调节作用，而对不同市场环境下的行业特征的影响尚未考察。不同的行业环境特征，能够对企业承担社会责任产生复杂的影响。如李韵婷和欧晓明研究发现，行业的竞争程度能够显著影响企业承担社会责任，相对而言，行业竞争越激烈，企业承担社会责任的可能性越小（李韵婷和欧晓明，2016）。除此之外，行业的产品属性、资本密集度等因素也会对企业承担社会责任产生重要影响（McWilliams和Siegel，2001；Dowell和Muthulingam，2017）。因此，除了制度环境，未来研究可以进一步探讨市场环境对政治关联与企业社会责任关系的调节作用，进而完善政治关联与企业社会责任的关系研究。

第四节 本章小结

本章包括三个部分的内容：首先，对本研究的结论及其背后的逻辑进行了详细的归纳、总结；其次，从理论和实践两个层面，通过与现有研究对话的方式，对本研究的贡献进行了阐述；最后，探讨了本研究可能存在的潜在局限性以及未来需要开展的研究。

参考文献

[1] ALLEN F, CARLETTI E, MARQUEZ R. Stakeholder Governance, Competition, and Firm Value [J]. Review of Finance, 2015, 19 (3) : 1315–1346.

[2] ANDREWS K R. Can the Best Corporations Be Made Moral [J]. Harvard Business Review, 1973, 51 (3) : 57–64.

[3] AURINI J. Crafting Legitimation Projects: An Institutional Analysis of Private Education Businesses[J]. Sociological Forum, 2006, 21 (1) : 83–111.

[4] BANSAL P, KISTRUCK G. Seeing Is (Not) Believing: Managing the Impressions of the Firm's Commitment to the Natural Environment [J]. Journal of Business Ethics, 2006, 67 (2) : 165–180.

[5] BATTILANA J, LECA B, BOXENBAUM E. How Actors Change Institutions: Towards a Theory of Institutional Entrepreneurship [J]. The Academy of Management Annals, 2009, 3 (1) : 65–107.

[6] BOUBAKRI N, COSSET J C, SAFFAR W. Political Connections of Newly Privatized Firms [J]. Journal of Corporate Finance, 2008, 14 (5) : 654–673.

[7] BOURGEOIS L J. On the Measurement of Organizational Slack [J]. Academy of Management Review, 1981, 6 (1) : 29–39.

[8] BREUSCH T S, PAGAN A R. The Lagrange Multiplier Test and Its

Applications to Model Specification in Econometrics [J]. Review of Economic Studies, 1980, 47 (1) : 239–253.

[9] BROMLEY P, POWELL W W. From Smoke and Mirrors to Walking the Talk: Decoupling in the Contemporary World [J]. The Academy of Management Annals, 2012, 6 (1) : 483–530.

[10] BRØNN P S, VIDAVER-COHEN D. Corporate Motives for Social Initiative: Legitimacy, Sustainability, or the Bottom Line? [J]. Journal of Business Ethics, 2009, 87 (1) : 91–109.

[11] CAMPBELL J L. Why Would Corporations Behave in Socially Responsible Ways? An Institutional Theory of Corporate Social Responsibility [J]. Academy of Management Review, 2007, 32 (3) : 946–967.

[12] CAPRIO L, CROCI E. The Determinants of the Voting Premium in Italy: The Evidence from 1974 to 2003[J]. Journal of Banking & Finance, 2008, 32 (11) : 2433–2443.

[13] CARROLL A B. A Three-Dimensional Conceptual Model of Corporate Performance [J]. Academy of Management Review, 1979, 4 (4) : 497–505.

[14] CARROLL A B. The Pyramid of Corporate Social Responsibility: Toward the Moral Management of Organizational Stakeholders [J]. Business Horizons, 1991, 34 (4) : 39–48.

[15] CASCIARO T, PISKORSKI M J. Power Imbalance, Mutual Dependence, and Constraint Absorption: A Closer Look at Resource Dependence Theory [J]. Administrative Science Quarterly, 2005, 50 (2) : 167–199.

[16] CHANEY P K, FACCIO M, PARSLEY D. The Quality of Accounting Information in Politically Connected Firms [J]. Journal of

Accounting and Economics, 2011, 51 (1-2) : 58-76.

[17] CHEN C J P, LI Z, SU X, et al. Rent-Seeking Incentives, Corporate Political Connections, and the Control Structure of Private Firms: Chinese Evidence [J]. Journal of Corporate Finance, 2011, 17 (2) : 229-243.

[18] CHEN C M, DELMAS M. Measuring Corporate Social Performance: An Efficiency Perspective [J]. Production and Operations Management, 2011, 20 (6) : 789-804.

[19] CHIN M K, HAMBRICK D C, TREVIÑO L K. Political Ideologies of CEOs: The Influence of Executives' Values on Corporate Social Responsibility [J]. Administrative Science Quarterly, 2013, 58 (2) : 197-232.

[20] CHIU S C, SHARFMAN M. Legitimacy, Visibility, and the Antecedents of Corporate Social Performance: An Investigation of the Instrumental Perspective [J]. Journal of Management, 2011, 37 (6) : 1558-1585.

[21] CLAESSENS S, FEIJEN E, LAEVEN L. Political Connections and Preferential Access to Finance: The Role of Campaign Contributions [J]. Journal of Financial Economics, 2008, 88 (3) : 554-580.

[22] CLARKSON M B E. A Stakeholder Framework for Analyzing and Evaluating Corporate Social Performance [J]. Academy of Management Review, 1995, 20 (1) : 92-117.

[23] CORREIA M M. Political Connections and SEC Enforcement [J]. Journal of Accounting and Economics, 2014, 57 (2-3) : 241-262.

[24] CUYPERS I R P, KOH P S, WANG H. Sincerity in Corporate Philanthropy, Stakeholder Perceptions and Firm Value [J]. Organization Science, 2016, 27 (1) : 173-188.

[25] DACIN M T, GOODSTEIN J, SCOTT W R. Institutional Theory and Institutional Change: Introduction to the Special Research Forum [J]. Academy

of Management Journal, 2002, 45 (1) : 45–56.

［26］DEN HOND F, REHBEIN K A, DE BAKKER F G A, et al. Playing on Two Chessboards: Reputation Effects Between Corporate Social Responsibility (CSR) and Corporate Political Activity (CPA) [J]. Journal of Management Studies, 2014, 51 (5) : 790–813.

［27］DE ROECK K, DELOBBE N. Do Environmental CSR Initiatives Serve Organizations' Legitimacy in the Oil Industry? Exploring Employees' Reactions Through Organizational Identification Theory [J]. Journal of Business Ethics, 2012, 110 (4) : 397–412.

［28］DE ROECK K, EI AKREMI A, SWAEN V. Consistency Matters! How and When Does Corporate Social Responsibility Affect Employees' Organizational Identification? [J]. Journal of Management Studies, 2016, 53 (7) : 1141–1168.

［29］DESS G G, BEARD D W. Dimensions of Organizational Task Environments [J]. Administrative Science Quarterly, 1984, 29: 52–73.

［30］DIELEMAN M, BODDEWYN J J. Using Organization Structure to Buffer Political Ties in Emerging Markets: A Case Study [J]. Organization Studies, 2012, 33 (1) : 71–95.

［31］DIMAGGIO P J, POWELL W W. The Iron Cage Revisited: Institutional Isomorphism and Collective Rationality in Organizational Fields [J]. American Sociological Review, 1983, 48 (2) : 147–160.

［32］DIMAGGIO P J. Constructing an Organizational Field as a Professional Project: US Art Museums, 1920–1940[J]. The New Institutionalism in Organizational Analysis, 1991: 267–292.

［33］DOH J P, GUAY T R. Corporate Social Responsibility, Public Policy, and NGO Activism in Europe and the United States: An Institutional-

Stakeholder Perspective [J]. Journal of Management Studies, 2006, 43 (1) : 47–73.

［34］DONALDSON T, DUNFEE T W. Toward a Unified Conception of Business Ethics: Integrative Social Contracts Theory [J]. Academy of Management Review, 1994, 19 (2) : 252–284.

［35］DOWELL G W S, MUTHULINGAM S. Will Firms Go Green If It Pays? The Impact of Disruption, Cost, and External Factors on the Adoption of Environmental Initiatives [J]. Strategic Management Journal, 2017, 38 (6) : 1287–1304.

［36］DREES J M, HEUGENS P P M A R. Synthesizing and Extending Resource Dependence Theory: A Meta-Analysis [J]. Journal of Management, 2013, 39 (6) : 1666–1698.

［37］EDELMAN L B. Legal Ambiguity and Symbolic Structures: Organizational Mediation of Civil Rights Law [J]. American Journal of Sociology, 1992, 97 (6) : 1531–1576.

［38］EPSTEIN E M. The Corporate Social Policy Process: Beyond Business Ethics, Corporate Social Responsibility, and Corporate Social Responsiveness [J]. California Management Review, 1987, 29 (3) : 99–114.

［39］FACCIO M. Politically Connected Firms [J]. American Economic Review, 2006, 96 (1) : 369–386.

［40］FAN J P H, WONG T J, ZHANG T. Politically Connected CEOs, Corporate Governance, and Post-IPO Performance of China's Newly Partially Privatized Firms [J]. Journal of Financial Economics, 2007, 84 (2) : 330–357.

［41］FAROOQ O, PAYAUD M, MERUNKA D, et al. The Impact of Corporate Social Responsibility on Organizational Commitment: Exploring Multiple Mediation Mechanisms [J]. Journal of Business Ethics, 2014, 125 (4) :

563–580.

［42］FAROOQ O, RUPP D E, FAROOQ M. The Multiple Pathways Through Which Internal and External Corporate Social Responsibility Influence Organizational Identification and Multifoci Outcomes: The Moderating Role of Cultural and Social Orientations [J]. Academy of Management Journal, 2017, 60 (3) : 954–985.

［43］FIEDLER F E. A Contingency Model of Leadership Effectiveness [J]. Advances in Experimental Social Psychology, 1964, 1: 149–190.

［44］FISS P C, ZAJAC E J. The Diffusion of Ideas over Contested Terrain: The (Non) adoption of a Shareholder Value Orientation among German Firms [J]. Administrative Science Quarterly, 2004, 49 (4) : 501–534.

［45］FLAMMER C, LUO J. Corporate Social Responsibility as an Employee Governance Tool? Evidence from a Quasi-Experiment [J]. Strategic Management Journal, 2017, 38 (2) : 163–183.

［46］FLAMMER C. Does Product Market Competition Foster Corporate Social Responsibility? Evidence from Trade Liberalization [J]. Strategic Management Journal, 2015, 36 (10) : 1469–1485.

［47］GAO C, ZUZUL T, JONES G, et al. Overcoming Institutional Voids: A Reputation-Based View of Long-Run Survival [J]. Strategic Management Journal, 2017, 38 (11) : 2147–2167.

［48］GRAFFIN S D, HALEBLIAN J J, KILEY J T. Ready, AIM, Acquire: Impression Offsetting and Acquisitions [J]. Academy of Management Journal, 2016, 59 (1) : 232–252.

［49］GREENWOOD R, RAYNARD M, KODEIH F, et al. Institutional Complexity and Organizational Responses [J]. The Academy of Management Annals, 2011, 5 (1) : 317–371.

[50] GREVE H R, PALMER D, POZNER J E. Organizations Gone Wild: The Causes, Processes, and Consequences of Organizational Misconduct [J]. The Academy of Management Annals, 2010, 4 (1) : 53-107.

[51] GUPTA A, BRISCOE F, HAMBRICK D C. Red, Blue, and Purple Firms: Organizational Political Ideology and Corporate Social Responsibility [J]. Strategic Management Journal, 2017, 38 (5) : 1018-1040.

[52] GUTHRIE D, MCQUARRIE M. Providing for the Public Good: Corporate-Community Relations in the Era of the Receding Welfare State [J]. City & Community, 2008, 7 (2) : 113-139.

[53] HAACK P, SCHOENEBORN D, WICKERT C. Talking the Talk, Moral Entrapment, Creeping Commitment? Exploring Narrative Dynamics in Corporate Responsibility Standardization [J]. Organization Studies, 2012, 33 (5-6) : 815-845.

[54] HAUSMAN J A. Specification Tests in Econometrics [J]. Econometrica, 1978, 46 (6) : 1251-1271.

[55] HAWN O, IOANNOU I. Mind the Gap: The Interplay Between External and Internal Actions in the Case of Corporate Social Responsibility [J]. Strategic Management Journal, 2016, 37 (13) : 2569-2588.

[56] HECKMAN J. Sample Selection Bias as a Specification Error [J]. Applied Econometrics, 2013, 31 (3) : 129-137.

[57] HEMINGWAY C A, MACLAGAN P W. Managers' Personal Values as Drivers of Corporate Social Responsibility [J]. Journal of Business Ethics, 2004, 50 (1) : 33-44.

[58] HILLMAN A J, KEIM G D, SCHULER D. Corporate Political Activity: A Review and Research Agenda [J]. Journal of Management, 2004, 30 (6) : 837-857.

[59] HILLMAN A J, WITHERS M C, COLLINS B J. Resource Dependence Theory: A Review [J]. Journal of Management, 2009, 35 (6) : 1404–1427.

[60] HILLMAN A J. Politicians on the Board of Directors: Do Connections Affect the Bottom Line? [J]. Journal of Management, 2005, 31 (3) : 464–481.

[61] HOFER C W. Toward a Contingency Theory of Business Strategy [J]. Academy of Management Journal, 1975, 18 (4) : 784–810.

[62] HOFFMAN A J. Institutional Evolution and Change: Environmentalism and the U. S. Chemical Industry [J]. Academy of Management Journal, 1999, 42 (4) : 351–371.

[63] HOUSE R J. A Path Goal Theory of Leader Effectiveness [J]. Administrative Science Quarterly, 1971, 16 (3) : 321–339.

[64] HOWARD M D, WITHERS M C, CARNES C M, et al. Friends or Strangers? It all Depends on Context: A Replication and Extension of Beckman, Haunschild, and Phillips (2004) [J]. Strategic Management Journal, 2016, 37 (11) : 2222–2234.

[65] JAMALI D, MIRSHAK R. Business-Conflict Linkages: Revisiting MNCs, CSR, and Conflict [J]. Journal of Business Ethics, 2010, 93 (3) : 443–464.

[66] JOHNSON S, MITTON T. Cronyism and Capital Controls: Evidence from Malaysia [J]. Journal of Financial Economics, 2003, 67 (2) : 351–382.

[67] KHAN F R, MUNIR K A, WILLMOTT H. A Dark Side of Institutional Entrepreneurship: Soccer Balls, Child Labour and Postcolonial Impoverishment [J]. Organization Studies, 2007, 28 (7) : 1055–1077.

[68] KHANNA T, PALEPU K. Why Focused Strategies May Be Wrong

for Emerging Markets [J]. Harvard Business Review, 1997, 75 (4) : 41–48.

［69］KIM E H, LYON T P. Greenwash vs. Brownwash: Exaggeration and Undue Modesty in Corporate Sustainability Disclosure [J]. Organization Science, 2015, 26 (3) : 705–723.

［70］KIM K H, KIM M, QIAN C. Effects of Corporate Social Responsibility on Corporate Financial Performance: A Competitive-Action Perspective [J]. Journal of Management, 2018, 44 (3) : 1097–1118.

［71］KING B G, SOULE S A. Social Movements as Extra-Institutional Entrepreneurs: The Effect of Protests on Stock Price Returns [J]. Administrative Science Quarterly, 2007, 52 (3) : 413–442.

［72］LA PORTA R, LOPEZ-DE-SILANES F, SHLEIFER A. The Economic Consequences of Legal Origins [J]. Journal of Economic Literature, 2008, 46 (2) : 285–332.

［73］LAWTON T, MCGUIRE S, RAJWANI T. Corporate Political Activity: A Literature Review and Research Agenda [J]. International Journal of Management Reviews, 2013, 15 (1) : 86–105.

［74］LESTER R H, HILLMAN A, ZARDKOOHI A, et al. Former Government Officials as Outside Directors: The Role of Human and Social Capital [J]. Academy of Management Journal, 2008, 51 (5) : 999–1013.

［75］LIANG H, RENNEBOOG L. On the Foundations of Corporate Social Responsibility [J]. The Journal of Finance, 2017, 72 (2) : 853–910.

［76］LI H, MENG L, WANG Q, et al. Political Connections, Financing and Firm Performance: Evidence from Chinese Private Firms [J]. Journal of Development Economics, 2008, 87 (2) : 283–299.

［77］LIM D S K, MORSE E A, MITCHELL R K, et al. Institutional Environment and Entrepreneurial Cognitions: A Comparative Business Systems

Perspective[J]. Entrepreneurship Theory and Practice, 2010, 34 (3) : 491-516.

[78] LI X H, LIANG X. A Confucian Social Model of Political Appointments among Chinese Private-Firm Entrepreneurs [J]. Academy of Management Journal, 2015, 58 (2) : 592-617.

[79] LOK J. Institutional Logics as Identity Projects [J]. Academy of Management Journal, 2010, 53 (6) : 1305-1335.

[80] LOUNSBURY M. Institutional Sources of Practice Variation: Staffing College and University Recycling Programs [J]. Administrative Science Quarterly, 2001, 46 (1) : 29-56.

[81] LUO X R, WANG D, ZHANG J. Whose Call to Answer: Institutional Complexity and Firms' CSR Reporting [J]. Academy of Management Journal, 2017, 60 (1) : 321-344.

[82] LUO Y, TUNG R L. International Expansion of Emerging Market Enterprises: A Springboard Perspective [J]. Journal of International Business Studies, 2007, 38 (4) : 481-498.

[83] LUTHANS F, SCHONBERGER R, MOREY R. Introduction to Management: A Contingency Approach [M]. New York: McGraw-Hill Companies, 1976.

[84] LUTHANS F. The Contingency Theory of Management: A Path out of the Jungle [J]. Business Horizons, 1973, 16 (3) : 67-72.

[85] LYON T P, MAXWELL J W. Greenwash: Corporate Environmental Disclosure Under Threat of Audit [J]. Journal of Economics & Management Strategy, 2011, 20 (1) : 3-41.

[86] L'ETANG J. Public Relations and Corporate Social Responsibility: Some Issues Arising [J]. Journal of Business Ethics, 1994, 13 (2) : 111-123.

[87] MAIGNAN I, FERRELL O C. Corporate Citizenship as a Marketing

Instrument: Concepts, Evidence and Research Directions [J]. European Journal of Marketing, 2001, 35 (3-4) : 457-484.

［88］MAIR J, MARTÍ I, VENTRESCA M J. Building Inclusive Markets in Rural Bangladesh: How Intermediaries Work Institutional Voids [J]. Academy of Management Journal, 2012, 55 (4) : 819-850.

［89］MARANO V, KOSTOVA T. Unpacking the Institutional Complexity in Adoption of CSR Practices in Multinational Enterprises [J]. Journal of Management Studies, 2016, 53 (1) : 28-54.

［90］MARANO V, TASHMAN P, KOSTOVA T. Escaping the Iron Cage: Liabilities of Origin and CSR Reporting of Emerging Market Multinational Enterprises [J]. Journal of International Business Studies, 2017, 48 (3) : 386-408.

［91］MARQUIS C, QIAN C. Corporate Social Responsibility Reporting in China: Symbol or Substance? [J]. Organization Science, 2014, 25 (1) : 127-148.

［92］MARQUIS C, RAYNARD M. Institutional Strategies in Emerging Markets[J]. The Academy of Management Annals, 2015, 9 (1) : 291-335.

［93］MARQUIS C, TOFFEL M W, Zhou Y. Scrutiny, Norms, and Selective Disclosure: A Global Study of Greenwashing [J]. Organization Science, 2016, 27 (2) : 483-504.

［94］MAUNG M, WILSON C, TANG X. Political Connections and Industrial Pollution: Evidence Based on State Ownership and Environmental Levies in China [J]. Journal of Business Ethics, 2016, 138 (4) : 649-659.

［95］MAZZA C, PEDERSEN J S. From Press to E-media? The Transformation of an Organizational Field [J]. Organization Studies, 2004, 25 (6) : 875-896.

[96] MCPHERSON C M, SAUDER M. Logics in Action: Managing Institutional Complexity in a Drug Court [J]. Administrative Science Quarterly, 2013, 58 (2) : 165–196.

[97] MCWILLIAMS A, SIEGEL D. Corporate Social Responsibility: A Theory of the Firm Perspective [J]. Academy of Management Review, 2001, 26 (1) : 117–127.

[98] MCWILLIAMS A, SIEGEL D S, WRIGHT P M. Corporate Social Responsibility: Strategic Implications [J]. Journal of Management studies, 2006, 43 (1) : 1–18.

[99] MCWILLIAMS A, VAN FLEET D D, CORY K D. Raising Rivals' Costs Through Political Strategy: An Extension of Resource-Based Theory [J]. Journal of Management Studies, 2002, 39 (5) : 707–723.

[100] MELLAHI K, FRYNAS J G, SUN P, et al. A Review of the Nonmarket Strategy Literature: Toward a Multi-Theoretical Integration [J]. Journal of Management, 2016, 42 (1) : 143–173.

[101] MEYER J W, ROWAN B. Institutionalized Organizations: Formal Structure as Myth and Ceremony [J]. American Journal of Sociology, 1977, 83 (2) : 340–363.

[102] MILANOV H, SHEPHERD D A. The Importance of the First Relationship: The Ongoing Influence of Initial Network on Future Status [J]. Strategic Management Journal, 2013, 34 (6) : 727–750.

[103] MOON J, SHEN X. CSR in China Research: Salience, Focus and Nature[J]. Journal of Business Ethics, 2010, 94 (4) : 613–629.

[104] OATES W E. An Essay on Fiscal Federalism [J]. Journal of Economic Literature, 1999, 37 (3) : 1120–1149.

[105] OEHMICHEN J, SCHRAPP S, WOLFF M. Who Needs Experts

Most? Board Industry Expertise and Strategic Change—a Contingency Perspective [J]. Strategic Management Journal, 2017, 38 (3) : 645–656.

[106] OLIVER C. Strategic Responses to Institutional Processes [J]. Academy of Management Review, 1991, 16 (1) : 145–179.

[107] ORLITZKY M, LOUCHE C, GOND J P, et al. Unpacking the Drivers of Corporate Social Performance: A Multilevel, Multistakeholder, and Multimethod Analysis [J]. Journal of Business Ethics, 2017, 144 (1) : 21–40.

[108] ORLITZKY M, SCHMIDT F L, RYNES S L. Corporate Social and Financial Performance: A Meta-Analysis [J]. Organization Studies, 2003, 24 (3) : 403–441.

[109] OZMEL U, REUER J J, WU C W. Interorganizational Imitation and Acquisitions of High-Tech Ventures [J]. Strategic Management Journal, 2017, 38 (13) : 2647–2665.

[110] PATTEN D M. DOES the Market Value Corporate Philanthropy ? Evidence from the Response to the 2004 Tsunami Relief Effort [J]. Journal of Business Ethics, 2008, 81 (3) : 599–607.

[111] PENG M W, SUN S L, PINKHAM B, et al. The Institution-Based View as a Third Leg for a Strategy Tripod [J]. Academy of Management Perspectives, 2009, 23 (3) : 63–81.

[112] PFEFFER J, SALANCIK G R. The External Control of Organizations: A Resource Dependence Perspective [M]. Redwood: Stanford University Press, 2003.

[113] PINKSTON T S, CARROLL A B. A Retrospective Examination of CSR Orientations: Have They Changed? [J]. Journal of Business Ethics, 1996, 15 (2) : 199–206.

[114] POWER M. The Audit Society: Rituals of Verification [M]. Oxford:

Oxford University Press, 1997.

［115］PRATT M G, FOREMAN P O. Classifying Managerial Responses to Multiple Organizational Identities [J]. Academy of Management Review, 2000, 25 (1): 18–42.

［116］PRATT M G, RAFAELI A. Organizational Dress as a Symbol of Multilayered Social Identities [J]. Academy of Management Journal, 1997, 40 (4): 862–898.

［117］QUIRKE L. Rogue Resistance: Sidestepping Isomorphic Pressures in a Patchy Institutional Field [J]. Organization Studies, 2013, 34 (11): 1675–1699.

［118］RAO H, MONIN P, DURAND R. Institutional Change in Toque Ville: Nouvelle Cuisine as an Identity Movement in French Gastronomy [J]. American Journal of Sociology, 2003, 108 (4): 795–843.

［119］REID E M, TOFFEL M W. Responding to Public and Private Politics: Corporate Disclosure of Climate Change Strategies[J]. Strategic Management Journal, 2009, 30 (11): 1157–1178.

［120］RODRIGUES S B, DIELEMAN M. The Internationalization Paradox: Untangling Dependence in Multinational State Hybrids [J]. Journal of World Business, 2018, 53 (1): 39–51.

［121］ROTHAERMEL F T, HITT M A, JOBE L A. Balancing Vertical Integration and Strategic Outsourcing: Effects on Product Portfolio, Product Success, and Firm Performance [J]. Strategic Management Journal, 2006, 27 (11): 1033–1056.

［122］SCHULER D A, REHBEIN K. The Filtering Role of the Firm in Corporate Political Involvement [J]. Business & Society, 1997, 36 (2): 116–139.

[123] SCHWARTZ M S, CARROLL A B. Corporate Social Responsibility: A Three-Domain Approach [J]. Business Ethics Quarterly, 2003, 13 (4) : 503–530.

[124] SCOTT W R. Lords of the Dance: Professionals as Institutional Agents [J]. Organization Studies, 2008, 29 (2) : 219–238.

[125] SEMADENI M, WITHERS M C, TREVIS CERTO S T. The Perils of Endogeneity and Instrumental Variables in Strategy Research: Understanding Through Simulations [J]. Strategic Management Journal, 2014, 35 (7) : 1070–1079.

[125] SEN S, BHATTACHARYA C B. Does Doing Good Always Lead to Doing Better? Consumer Reactions to Corporate Social Responsibility [J]. Journal of Marketing Research, 2001, 38 (2) : 225–243.

[126] SHIU Y M, YANG S L. Does Engagement in Corporate Social Responsibility Provide Strategic Insurance-Like Effects? [J]. Strategic Management Journal, 2017, 38 (2) : 455–470.

[127] SHORT J L, TOFFEL M W. Making Self-Regulation More Than Merely Symbolic: The Critical Role of the Legal Environment [J]. Administrative Science Quarterly, 2010, 55 (3) : 361–396.

[128] SHYMKO Y, ROULET T J. When Does Medici Hurt Da Vinci? Mitigating the Signaling Effect of Extraneous Stakeholder Relationships in the Field of Cultural Production [J]. Academy of Management Journal, 2017, 60 (4) : 1307–1338.

[129] SIEGEL J. Is There a Better Commitment Mechanism Than Cross-Listings for Emerging-Economy Firms? Evidence from Mexico [J]. Journal of International Business Studies, 2009, 40 (7) : 1171–1191.

[130] SIRMON D G, HITT M A, IRELAND R D, et al. Resource Orchestration

to Create Competitive Advantage: Breadth, Depth, and Life Cycle Effects [J]. Journal of Management, 2011, 37 (5) : 1390-1412.

［131］SMITH W J, WOKUTCH R E, HARRINGTON K V, et al. An Examination of the Influence of Diversity and Stakeholder Role on Corporate Social Orientation [J]. Business & Society, 2001, 40 (3) : 266-294.

［132］STEVENS C E, XIE E, PENG M W. Toward a Legitimacy-Based View of Political Risk: The Case of Google and Yahoo in China [J]. Strategic Management Journal, 2016, 37 (5) : 945-963.

［133］SUCHMAN M C. Managing Legitimacy: Strategic and Institutional Approaches [J]. Academy of Management Review, 1995, 20 (3) : 571-610.

［134］SUN P, MELLAHI K, WRIGHT M. The Contingent Value of Corporate Political Ties [J]. Academy of Management Perspectives, 2012, 26 (3) : 68-82.

［135］THORNTON P H, OCASIO W. Institutional Logics and the Historical Contingency of Power in Organizations: Executive Succession in the Higher Education Publishing Industry, 1958-1990 [J]. American Journal of Sociology, 1999, 105 (3) : 801-843.

［136］TOST L P. An Integrative Model of Legitimacy Judgments [J]. Academy of Management Review, 2011, 36 (4) : 686-710.

［137］TURKER D. How Corporate Social Responsibility Influences Organizational Commitment [J]. Journal of Business Ethics, 2009, 89 (2) : 189-204.

［138］WEI Z, SHEN H, ZHOU K Z, et al. How Does Environmental Corporate Social Responsibility Matter in a Dysfunctional Institutional Environment? Evidence from China [J]. Journal of Business Ethics, 2017, 140 (2) : 209-223.

［139］WERNERFELT B. A Resource-Based View of the Firm [J]. Strategic Management Journal, 1984, 5 (2) : 171-180.

［140］WESTPHAL J D, ZAJAC E J. Substance and Symbolism in CEOs' Long-Term Incentive Plans. Administrative Science Quarterly, 1994, 39 (3): 367-390.

［141］WICKERT C, SCHERER A G, SPENCE L J. Walking and Talking Corporate Social Responsibility: Implications of Firm Size and Organizational Cost [J]. Journal of Management Studies, 2016, 53 (7) : 1169-1196.

［142］WIJEN F. Means Versus Ends in Opaque Institutional Fields: Trading off Compliance and Achievement in Sustainability Standard Adoption [J]. Academy of Management Review, 2014, 39 (3) : 302-323.

［143］WOOLDRIDGE J M. Econometric Analysis of Cross Section and Panel Data [M]. Cambridge: The MIT Press, 2010.

［144］XIAO Z, TSUI A S. When Brokers May Not Work: The Cultural Contingency of Social Capital in Chinese High-Tech Firms [J]. Administrative Science Quarterly, 2007, 52 (1) : 1-31.

［145］YU F, YU X. Corporate Lobbying and Fraud Detection [J]. Journal of Financial and Quantitative Analysis, 2011, 46 (6) : 1865-1891.

［146］ZHANG J, MARQUIS C, QIAO K. Do Political Connections Buffer Firms from or Bind Firms to the Government? A Study of Corporate Charitable Donations of Chinese Firms [J]. Organization Science, 2016, 27 (5) : 1307-1324.

［147］ZHAO M. CSR-Based Political Legitimacy Strategy: Managing the State by Doing Good in China and Russia [J]. Journal of Business Ethics, 2012, 111 (4) : 439-460.

［148］ZHAO X, MURRELL A J. Revisiting the Corporate Social

Performance-Financial Performance Link: A Replication of Waddock and Graves [J]. Strategic Management Journal, 2016, 37 (11) : 2378-2388.

［149］ZIETSMA C, LAWRENCE T B. Institutional Work in the Transformation of an Organizational Field: The Interplay of Boundary Work and Practice Work [J]. Administrative Science Quarterly, 2010, 55 (2) : 189-221.

［150］薄贵利.中央与地方权限划分的理论误区 [J].政治学研究，1999（2）：23-29.

［151］蔡庆丰，田霖，郭俊峰.民营企业家的影响力与企业的异地并购——基于中小板企业实际控制人政治关联层级的实证发现 [J].中国工业经济，2017（3）：156-173.

［152］曹春方，林雁.异地独董、履职职能与公司过度投资 [J].南开管理评论，2017，20（1）：16-29，131.

［153］曹书军，刘星，傅蕴英.劳动雇佣与公司税负：就业鼓励抑或预算软约束 [J].中国工业经济，2009（5）：139-149.

［154］陈寒松，张文玺.权变管理在管理理论中的地位及演进 [J].山东社会科学，2010（9）：105-108.

［155］陈强.高级计量经济学及 Stata 应用 [M].2版.北京：高等教育出版社，2014.

［156］陈运森，郑登津.董事网络关系、信息桥与投资趋同 [J].南开管理评论，2017，20（3）：159-171.

［157］陈宗仕，郑路.制度环境与民营企业绩效——种群生态学和制度学派结合视角 [J].社会学研究，2015，30（4）：26-45，242-243.

［158］邓建平，饶妙，曾勇.市场化环境、企业家政治特征与企业政治关联 [J].管理学报，2012，9（6）：936-942.

［159］邓新明，张婷，王惠子.政治关联、多点接触与企业绩效——市场互换性的调节作用 [J].管理科学，2016，29（6）：83-92.

［160］董静，汪立，吴友. 地理距离与风险投资策略选择——兼论市场环境与机构特质的调节作用[J]. 南开管理评论，2017，20（2）：4-16.

［161］杜运周，尤树洋. 制度逻辑与制度多元性研究前沿探析与未来研究展望[J]. 外国经济与管理，2013，35（12）：2-10，30.

［162］封思贤，蒋伏心，肖泽磊. 企业政治关联行为研究述评与展望[J]. 外国经济与管理，2012，34（12）：63-70.

［163］冯丽艳，肖翔，程小可. 披露制度、社会绩效与社会责任信息披露[J]. 现代财经（天津财经大学学报），2016，36（2）：39-52.

［164］傅超，吉利. 诉讼风险与公司慈善捐赠——基于"声誉保险"视角的解释[J]. 南开管理评论，2017，20（2）：108-121.

［165］高山行，蔡新蕾，江旭. 正式与非正式制度支持对原始性创新的影响——不同所有制类型企业比较研究[J]. 科学学与科学技术管理，2013，34（2）：42-52.

［166］顾雷雷，欧阳文静. 慈善捐赠、营销能力和企业绩效[J]. 南开管理评论，2017，20（2）：94-107.

［167］郭广珍. 地方官员行为与经济发展：一个基于政治晋升、财政分权与腐败的文献综述[J]. 制度经济学研究，2010（3）：216-229.

［168］郭晗，任保平. 经济发展方式转变的路径依赖及其破解路径[J]. 江苏社会科学，2013（4）：70-75.

［169］郭岚，苏忠秦. 地方保护、政治关联与企业社会责任——来自酒类上市公司的经验证据[J]. 软科学，2017，31（6）：110-114.

［170］黄珺，魏莎. 独立董事政治关联对企业信贷融资的影响研究[J]. 管理评论，2016，28（11）：182-190.

［171］纪志宏，周黎安，王鹏，等. 地方官员晋升激励与银行信贷——来自中国城市商业银行的经验证据[J]. 金融研究，2014（1）：1-15.

［172］贾俊雪，应世为. 财政分权与企业税收激励——基于地方政府

竞争视角的分析 [J]. 中国工业经济, 2016（10）: 23-39.

［173］贾明, 张喆. 高管的政治关联影响公司慈善行为吗？[J]. 管理世界, 2010（4）: 99-113, 187.

［174］简兆权, 陈键宏, 王晨. 政治和商业关联、知识获取与组织创新关系研究 [J]. 科研管理, 2014, 35（10）: 17-25.

［175］杰弗里·M.伍德里奇. 计量经济学导论：现代观点 [M]. 5版. 北京：清华大学出版社，2014.

［176］况学文, 陈志锋, 金硕. 政治关联与资本结构调整速度 [J]. 南开经济研究, 2017（2）: 133-152.

［177］雷光勇, 李书锋, 王秀娟. 政治关联、审计师选择与公司价值 [J]. 管理世界, 2009（7）: 145-155.

［178］李健, 陈传明, 孙俊华. 企业家政治关联、竞争战略选择与企业价值——基于上市公司动态面板数据的实证研究 [J]. 南开管理评论, 2012, 15（6）: 147-157.

［179］李诗田, 邱伟年. 政治关联、制度环境与企业研发支出 [J]. 科研管理, 2015, 36（4）: 56-64.

［180］李维安, 王鹏程, 徐业坤. 慈善捐赠、政治关联与债务融资——民营企业与政府的资源交换行为 [J]. 南开管理评论, 2015, 18（1）: 4-14.

［181］李晓翔, 刘春林. 困难情境下组织冗余作用研究：兼谈市场搜索强度的调节作用 [J]. 南开管理评论, 2013, 16（3）: 140-148, 160.

［182］李雪灵, 万妮娜. 跨国企业的合法性门槛：制度距离的视角 [J]. 管理世界, 2016（5）: 184-185.

［183］李韵婷, 欧晓明. 社会责任信息披露与企业成长绩效——基于行业情境的调节作用 [J]. 广东财经大学学报, 2016, 31（6）: 102-111.

［184］连燕玲, 周兵, 贺小刚, 等. 经营期望、管理自主权与战略变

革[J]. 经济研究，2015，50（8）：31-44.

[185] 刘海建，吕秀芹，董育森，等. 是否皆为利己——制度转型深入期企业家政治联系的双重角色[J]. 南开管理评论，2017，20（4）：114-128.

[186] 刘立，党兴华. 企业知识价值性、结构洞对网络权力影响研究[J]. 科学学与科学技术管理，2014，35（6）：164-171.

[187] 刘圻，杨德伟. 民营企业政治关联影响研发投资的实证研究——来自深市中小板的证据[J]. 财政研究，2012（5）：61-65.

[188] 卢昌崇，陈仕华，Joachim Schwalbach. 连锁董事理论：来自中国企业的实证检验[J]. 中国工业经济，2006（1）：113-119.

[189] 马晓维，苏忠秦，曾琰，等. 政治关联、企业绩效与企业行为的研究综述[J]. 管理评论，2010，22（2）：3-10.

[190] 马训祥. 论民族自治地方发展自主权的司法救济[J]. 贵州民族研究，2009，29（4）：27-31.

[191] 毛新述，周小伟. 政治关联与公开债务融资[J]. 会计研究，2015（6）：26-33，96.

[192] 钱先航，曹廷求，李维安. 晋升压力、官员任期与城市商业银行的贷款行为[J]. 经济研究，2011，46（12）：72-85.

[193] 乔明哲，张玉利，凌玉，等. 公司创业投资究竟怎样影响创业企业的IPO抑价——来自深圳创业板市场的证据[J]. 南开管理评论，2017，20（1）：167-180.

[194] 任敏. 技术应用何以成功？——一个组织合法性框架的解释[J]. 社会学研究，2017，32（3）：169-192，245.

[195] 尚航标，黄培伦. 新制度主义对战略管理的理论意义[J]. 管理学报，2011，8（3）：396-402.

[196] 沈凌，田国强. 贫富差别、城市化与经济增长——一个基于需

求因素的经济学分析 [J]. 经济研究, 2009, 44 (1): 17-29.

[197] 宋铁波, 吴小节, 汪秀琼. 制度差异、企业跨区域经营经验与市场进入模式 [J]. 管理评论, 2016, 28 (4): 166-177.

[198] 苏郁锋, 吴能全, 周翔. 企业协同演化视角的组织场域制度化研究——以互联网金融为例 [J]. 南开管理评论, 2015, 18 (5): 122-135.

[199] 田志龙, 程鹏璠, 杨文, 等. 企业社区参与过程中的合法性形成与演化: 百步亭与万科案例 [J]. 管理世界, 2014 (12): 134-151, 188.

[200] 涂智苹, 宋铁波. 制度理论在经济组织管理研究中的应用综述——基于 Web of Science (1996—2015) 的文献计量 [J]. 经济管理, 2016, 38 (10): 184-199.

[201] 王春福. 构建和谐社会与完善利益表达机制 [J]. 中共中央党校学报, 2006 (3): 19-24.

[202] 王小鲁, 樊纲, 余静文. 中国分省份市场化指数报告 (2016) [M]. 北京: 社会科学文献出版社, 2017.

[203] 王砚羽, 谢伟, 乔元波, 等. 隐形的手: 政治基因对企业并购控制倾向的影响——基于中国上市公司数据的实证分析 [J]. 管理世界, 2014 (8): 102-114, 133.

[204] 王宇, 李海洋. 管理学研究中的内生性问题及修正方法 [J]. 管理学季刊, 2017, 2 (3): 20-47, 170-171.

[205] 王云, 李延喜, 马壮, 等. 媒体关注、环境规制与企业环保投资 [J]. 南开管理评论, 2017, 20 (6): 83-94.

[206] 卫武, 田志龙, 刘晶. 我国企业经营活动中的政治关联性研究 [J]. 中国工业经济, 2004 (4): 67-75.

[207] 吴超鹏, 叶小杰, 吴世农. 媒体监督、政治关联与高管变更——中国的经验证据 [J]. 经济管理, 2012, 34 (2): 57-65.

[208] 吴小节, 杨书燕, 汪秀琼. 资源依赖理论在组织管理研究中的

应用现状评估——基于 111 种经济管理类学术期刊的文献计量分析 [J]. 管理学报, 2015, 12（1）: 61-71.

[209] 吴一平, 李鲁. 中国开发区政策绩效评估: 基于企业创新能力的视角 [J]. 金融研究, 2017, 60（6）: 126-141.

[210] 夏立军, 郭建展, 陆铭. 企业家的"政由己出"——民营 IPO 公司创始人管理、市场环境与公司业绩 [J]. 管理世界, 2012（9）: 132-141, 155, 188.

[211] 徐键. 分权改革背景下的地方财政自主权 [J]. 法学研究, 2012, 34（3）: 43-58.

[212] 闫永琴. 中国西部经济内生增长机制研究 [M]. 北京: 中国财政经济出版社, 2009.

[213] 杨华军, 胡奕明. 制度环境与自由现金流的过度投资 [J]. 管理世界, 2007（9）: 99-106, 116, 172.

[214] 杨京京, 蓝海林, 何爱. 实物期权视角下政治关联与民营企业的成长价值 [J]. 管理学报, 2012, 9（9）: 1292-1297.

[215] 杨林川, 马红宇, 姜海, 等. 社会公正对权威合法性的影响: 社会阶层的调节作用 [J]. 心理学报, 2017, 49（7）: 980-994.

[216] 易开刚. 和谐社会背景下当代企业的社会责任观 [J]. 管理世界, 2008（12）: 175-176.

[217] 于文超, 何勤英. 投资者保护、政治联系与资本配置效率 [J]. 金融研究, 2013（5）: 152-166.

[218] 曾伏娥, 袁靖波. 多市场接触、市场集中度与企业非伦理行为 [J]. 管理世界, 2016（6）: 118-132.

[219] 曾萍, 邓腾智. 政治关联与企业绩效关系的 Meta 分析 [J]. 管理学报, 2012, 9（11）: 1600-1608.

[220] 曾萍, 吕迪伟, 刘洋. 技术创新、政治关联与政府创新支持:

机制与路径 [J]. 科研管理, 2016, 37 (7): 17-26.

[221] 张铁男, 韩兵, 张亚娟. 企业专业化与多元化战略选择的效用比较研究 [J]. 科学学与科学技术管理, 2011, 32 (7): 124-129.

[222] 张文宏. 中国社会网络与社会资本研究30年（下）[J]. 江海学刊, 2011 (3): 96-106.

[223] 张祥建, 郭丽虹, 徐龙炳. 中国国有企业混合所有制改革与企业投资效率——基于留存国有股控制和高管政治关联的分析 [J]. 经济管理, 2015, 37 (9): 132-145.

[224] 张祥建, 徐晋, 徐龙炳. 高管精英治理模式能够提升企业绩效吗？——基于社会连带关系调节效应的研究 [J]. 经济研究, 2015, 50 (3): 100-114.

[225] 赵晶, 郭海. 公司实际控制权、社会资本控制链与制度环境 [J]. 管理世界, 2014 (9): 160-171.

[226] 中国社会科学院课题组. 努力构建社会主义和谐社会 [J]. 中国社会科学, 2005 (3): 4-16, 205.

[227] 周飞舟. 生财有道：土地开发和转让中的政府和农民 [J]. 社会学研究, 2007 (1): 49-82, 243-244.

[228] 周建, 金媛媛, 袁德利. 董事会人力资本、CEO权力对企业研发投入的影响研究——基于中国沪深两市高科技上市公司的经验证据 [J]. 科学学与科学技术管理, 2013, 34 (3): 170-180.

[229] 周黎安, 陶婧. 官员晋升竞争与边界效应：以省区交界地带的经济发展为例 [J]. 金融研究, 2011 (3): 15-26.

[230] 朱益宏, 周翔, 张全成. 私营企业家政治关联：催化了投机行为还是技术创新？ [J]. 科研管理, 2016, 37 (4): 77-84.

[231] 邹国庆, 倪昌红. 经济转型中的组织冗余与企业绩效：制度环境的调节作用 [J]. 中国工业经济, 2010 (11): 120-129.

致　谢

　　本书主要是对近年来科研成果的提炼，通过梳理攻读博士以来的研究感悟，总结科研工作的经验教训，为以后的学术研究提供指引。

　　感谢导师刘春林教授。刘老师知识渊博、逻辑严谨，对待学生谦逊随和、虚怀若谷，在我的心目中，刘老师是一位"德"与"才"兼备的师者。作为一个工科背景并且工作过的博士研究生，想来当初在指导我的三年时间里，老师也是思量费尽。犹记得刘老师在讨论问题时的循循善诱、修改论文时的字斟句酌，每每此时，心情比"恨无泉客泪，尽泣感恩珠"尤甚。在此，借用唐代诗人李白的《寻雍尊师隐居》，用以表达对恩师的感激和仰慕，曰："群峭碧摩天，逍遥不记年。拨云寻古道，倚石听流泉。花暖青牛卧，松高白鹤眠。语来江色暮，独自下寒烟。"

　　感谢南京财经大学的诸位领导和同事。2018 年入职南京财经大学，在这五年的时间里完成了职业身份的转变，也在不断探索新环境的工作方式。工作以来的求索和尝试，困难和挫折不可避免，幸得领导和同事的热心关切，才能顺利适应新的角色。

　　感谢我的家人。感谢父母多年来的养育之恩，谢谢你们这么多年对我学习、工作的默默支持，无私奉献，谢谢你们一直以来对我各种努力的理解。

陈　浩
2023 年 9 月于南京财经大学德济楼